나는 왜 엄마에게 화가 날까

나는 왜 엄마에게 화가 날까

상처를 주고받는
엄마와 딸을 위한
치유 프로젝트

김반아 · 박범준 지음

예담

일러두기
———————

이 책은 오랜 외국 생활을 하며 감성, 감성 치유, 감정줄, 감정 훈련, 분리, 존중 등에 관
해 연구해온 김반아 박사의 '생각'과 한국 남성으로 자라고 생활하며 한국의 남성 문제
에 관해 깊게 고민해온 박범준 편집장의 '문제의식'을 통합해서 긴 시간 동안 머리를
맞대고 대화를 나누며 쓴 공동의 결과물입니다.

감정줄로 얽힌 관계에서 입는 감성의 상처는 엄마와 아들 사이, 아빠와 자녀 사이에도
생깁니다. 모든 관계에 감성 치유가 필요하지만 한 권의 책으로 다루기에는 그 범위가
넓어, 이 책에서는 상처에 더 민감하고 자녀에게 주는 영향이 막대한 엄마와 딸의 관계
에서 오는 상처(The mother wound)에 한정했습니다.

⟩
⟩
(

감성 회복을 위한
치유 프로젝트

외국에서 50년이 넘는 시간을 보내고 잠시 한국으로 돌아왔습니다. 1960년대에 보았던 서울의 풍경이 '한강의 기적'이라 불리며 상전벽해로 변한 것은, 그동안 수많은 사람들이 피와 땀으로 이룬 결과일 것입니다.

한편 한국의 현대화 과정에서 나타난 발전의 그림자도 '기적'의 결과만큼 깊어 보였습니다. 부정과 결탁한 정치인들, 탈세의 대명사가 된 재벌들, 후순위로 밀려난 통일 문제 등의 사회 문제뿐 아니라 엄마의 지나친 간섭, 아빠의 무관심과 술 중독으로 인한 폭력적인 가정 환경, 자녀 교육에 치중한 치맛바람 등이 한발 멀리서 바라보고 있는 저에게는 한국 사회의 시급한 과제로 보입니다.

과연 우리는 삶의 해결책을 어디에서 찾을 수 있을까요? 저는 한국 사회의 시스템 자체를 비판하기보다는 자기 자신의 모순을 극복하고 가정 안에서 일어나는 모순을 해결하여, 이 사회가 더 좋은 방향으로 나아갈 수 있는 지점에 지렛대를 놓고 싶습니다. '자기 자신의 문제로 가정의 문제가 발생하고, 가정의 문제는 또 아이의 문제가 되며, 그 아이들이 자라 사회에 나가면 국가에 문제가 생길 수도 있다'는 간단한 공식으로 이야기를 시작해보려 합니다.

감성 훈련을 통해
만들어지는 행복

저는 외국과 달리 한국 사회에서 눈에 보이지 않는 '감정줄'이 심각한 문제를 일으킨다는 걸 깨달았습니다. 감정줄이란 자기 자신뿐만 아니라 가족, 나아가 함께 살아가는 사람들을 감정으로 챙챙 옭아매 정상적인 삶을 이어가지 못하게 하는 문제이자, 한국 사회에 깊이 뿌리박혀 있는 의식의 문제를 단적으로 보여주는 예입니다.

우리는 서로 상처를 주고받는 감정줄을 잘라내고 각각 온전한 존재로서 감성을 회복해야 합니다. 감정줄을 제대로 정리하기 위해서 저는 '가정이 궁극적인 인간 수련의 도장이다', '가정을 도장으로'라는 명제를 펼치려고 합니다. 가정은 사회를 아우르는 기본단위로, 구성원들이 같이 어울려 잘 살아보려는 공동 목표를 가지게 됩니다. 가족 구성원 서로의 '자아(ego)'가 부딪치며 울고 웃으며 함께 살아가는 과정에서 인격이 형성되고 성숙해집니다. 가정은 기본적인 인격의 수련장이지만, 한편으로는 부모가 자녀의 인격을 체계적으로 파괴하는 현장이 되기도 합니다.

우리는 지금까지 공식적으로 가정을 '도장'이라고 선포하지 않고 살아왔고, '민주주의 가정 도장 수련법'을 개발하려는 생각조차 해보지 않았습니다. 한국 가정은 전통적으로 유교 문화권이었기에 자녀가 부모의 의사를 따르는 식이었습니다. 따라서 부모에게 문제가 있어도 그것을 수정하고 보완할 수 있는 방편이 없었습니다.

'가정 도장'의 궁극적인 수련 목표는 구성원들의 감성 훈련을 통해 만들어지는 행복입니다. 위계질서 안에서 비합리적으로 부모의 의사대로 이루어지는 가정교육과는 완연히 다릅니다. 가정 도장은 일방적(one-way)이고 하향적(top-down)인 방식이 아닌, 존재 대 존재가 만나 관계성 안에서 합리적이고 쌍방향(two-way)으로 대화를 나누는 방식, 즉 가정에서부터 민주주의를 이루는 체계적이고 논리적이고 범사회적인 인간 완성의 길입니다.

건강한 감성을
회복하는 것

　가정 도장의 수련 목표 제1은 부모와의 역기능 관계에서 얽힌 감정줄에서 벗어나 자기 자신의 건강한 감성을 회복하는 것입니다. 민감한 감수성을 건강하게 키우고 올바르게 사용하여 인간관계에서는 깨끗함과 순수함과 정직성을 회복하고, 밖으로는 폭넓은 사회성을 키우고, 궁극적으로는 세계를 향한 사회의식으로 확장시키는 것입니다(부모 역시 자녀와의 역기능 관계에서 얽힌 감정줄에서 벗어나 자기 자신의 건강한 감성을 회복하게 됩니다).

　감성은 자극을 느끼는 기능으로 위장 부근에 있는 두 번째 뇌, 장신경계(second brain, brain in the gut) 부위와 관련해, 마음의 연결(heart-connection)을 이루는 역할을 합니다. 머리에 있으며 생각을 담당하는 첫 번째 뇌(first brain, brain in the head)와는 다릅니다. 머리를 심하게 다쳐 첫 번째 뇌가 제대로 작동하지 않는 사람도 두 번째 뇌인 감성은 정상으로 작동하기도 합니다. 첫 번째 뇌가 뛰어나게 발달하여 영리한 사람이 두 번째 뇌인 감성은 발달하지 않아 오히려 타인에게 피해를 주는 경우도 많습니다.

　건강한 감성은 생명줄이고, 영혼의 소통을 가능하게 하는 아주 소중한 인간적인 매개체입니다. 매 순간 살아 있다는 것을 느끼고 그 기쁨이 용솟음치게 됩니다. 감성이 메마르면 무미건조하고 잔인한 사람이 되어 감정줄로 주위 사람들을 괴롭힙니다. 때로는 타인을 배려하는 능력이 전혀 없는 비인간적인 사람이 되어버리기도 합니다.

간략하게 말해서, 가정 도장에서 감정줄을 정리해 감성을 키우는 작업은 감성의 의미와 정체를 확실히 인식하고 감성에 다른 불순물이 섞이는 것을 분별하는 능력을 키워줍니다(부모의 심리적 결핍, 화, 두려움, 슬픔 같은 감정의 에너지와 욕심과 대리 만족 등 집단 무의식 속에서 부모의 순수한 사랑을 오염시키고 왜곡시키는 것이 불순물이라고 할 수 있습니다).

부모와
도반이 되는 것

가정 도장의 수련 목표 제2는 부모와 도반이 되는 것입니다. 도반의 기본 개념은 동물적 차원의 기운으로, 밀고 당기는 감정줄에서 풀려나 온전히 자유로운 영혼의 상태를 말합니다. 그리하여 객관적이고 합리적으로 생각하고 통찰할 수 있는 의식을 가지며, 부모와 동지로 다시 만나 사회문제를 함께 풀어나가며 대동 사회를 가정에서부터 만들어나가는 것입니다.

《나는 왜 엄마에게 화가 날까》는 가정에서 자녀들을 대하는 데 문제가 있는 부모의 교육과 의식 변화의 필요성을 살피고 독립했지만 아직 정리하지 못한 부모와의 관계, 특히 엄마와의 아픈 관계에서 자유로워지는 방법을 제시합니다. 엄마가 바뀌면 아이가 바뀌고, 자녀가 바뀌면 부모가 바뀝니다.

제가 직접 경험한 엄마와의 감정줄 정리 과정을 예로 들어보려 합니다. 저는 감성 치유로 우선 감정줄에 대한 이해와 인식이 생겼습니다. 제 자신과 삶에 대한 시각이 바뀐 뒤 엄마에게 제안하여 10년에 걸쳐 엄마와 함께 치열하게 감정줄 정리 작업을 했습니다. 그 결과, 엄마도 바뀌셨습니다. 엄마가 바뀌니까 저의 형제자매도 바뀌었습니다. 가족이 바뀌면서 주변 사람들에게 지속적으로 좋은 영향을 끼치게 되었습니다.

이제 우리 가족들은 각자 자기가 서 있는 곳에서 자기의 삶을 충실하게 살아가면서 세상에 긍정적인 영향을 주기 위해 노력하고 있습니다. 이것이 바로 가족공동체 안에서 이루어낸 인간 혁명의 과정이 아닐까요?

'감정줄 정리하기'를
제안하며

가정에서 실시하고 성공한 인간 혁명은 간단한 원리이기 때문에 얼마든지 범사회적으로도 확산할 수 있습니다. 그래서 저는 한국 사회의 제반 문제들을 해결하는 방안으로 '감정줄 정리하기'를 제안하려 합니다.

사람 중심으로 사회를 변화시키기 위해서는 개인이 가정을 '도장'으로 만들고, 가족 관계를 변화시켜 사회 재창조의 원동력으로 삼아야 합니다. 가정 도장의 과정 없이 사회 개혁을 시도하여 성공시키려는 것은 청소년기를 건너뛰고 성년이 되기를 꿈꾸는 것처럼 무모한 생각입니다. 현재 시대가 요하는 것은 가정 도장이 뒷받침해주는 마을의 개혁, 사회의 개혁입니다.

존재의 기본인 엄마와 존재를 확장시키는 자녀의 관계를 중심으로, 부모와의 감성 관계에 얽혀 있는 감정줄을 잘 잘라낸다면 한국 사회 제반의 문제들을 현명하게 풀 수 있을 거라고 기대합니다.

김반아

존중이 사라진
한국 사회

제주도에서 산 지 10년이 되었습니다. 그 사이 제주도는 많은 것이 바뀌었습니다. 매년 관광객들이 늘고 제주도로 이주하는 사람들도 늘어나면서 많은 것들이 빨리 바뀌는 모양입니다. 가끔 제주 안팎에서 사람들에게 이런 질문을 받습니다.

"왜 점점 더 많은 사람들이 제주도로 이주를 할까요?"

자연환경이 좋고, 이국적이고……. 제주도가 살기 좋은 이유는 얼마든지 꼽아볼 수 있습니다. 그렇지만 수많은 사람들이 자신이 살고 있던 곳을 떠나 바다를 건너는 모험을 감수할 만큼 절박한 이유는 과연 무엇일까요?

처지는 다 다르겠지만 제주도로 이주하는 사람들의 공통점은 몸과 마음이 '지쳤다'는 점입니다. 독일에서 활동하는 철학자 한병철은 한국 사회를 '피로사회'라고 정의합니다. 다른 나라에서 살아본 경험이 없는 사람이라도 한국 사회가 피곤하다는 말에는 쉽게 동의할 수 있을 것입니다. 제주도에 오는 사람들은 한결같이 지친 삶에서 벗어나 여유롭고 자유로운 삶을 기대합니다.

한국 사회의
끈끈한 인간관계

물론 한국인은 세계에서 가장 부지런한 사람들입니다. 그렇지만 한국 사회가 피로한 이유가 단지 일을 너무 열심히 하기 때문만은 아닙니다. 제주를 찾는 사람들은 대부분 인간관계 속에서 지쳐 있었습니다. 사랑하는 사람과 헤어지거나 직장을 그만두고 올레길을 걷는 사람들은 아주 흔합니다. 좀 더 심각하게는 이혼을 하거나 사업에 실패하고 제주로 오는 사람도 많았습니다.

직장을 그만두거나 사업에 실패한 경우에는 먼저 경제적인 곤란을 겪습니다. 하지만 경제적인 어려움은 주위의 도움과 격려를 받으며 오히려 전화위복의 기회로 삼을 수도 있습니다. 그보다 더 큰 어려움은 그런 위기 속에서 주변 사람들과 주고받은 상처들이 아닐까요?

끈끈한 인간관계는 한국 사회의 중요한 특징입니다. IMF시절 '금모으기 운동' 같은 일은 다른 나라에서는 쉽게 상상할 수 없습니다. 특히 한국 사람들 특유의 '정(情)'이라 표현되는 타인에 대한 관심과 관여는 정말 놀라울 정도입니다. '오지랖'이라고 하는 이 특성은 사람 사이의 정서적 거리를 매우 가깝게 합니다. 따뜻하지만 때로는 그에 따르는 불편함도 동반합니다.

아버지의 직업 때문에 외국에서 어린 시절을 보낸 친구가 있습니다. 국적은 한국이고 한국말도 능숙하며, 당연히 한국 사람처럼 생긴 이 친구는 한국 남자와 결혼해서 아이를 낳았습니다. 친구는 내게 아이를 데리고 소아과에 가서 진찰실 앞에 앉아 있을 때 겪은 일을 들려주었습니다.

진료실 앞에서 같이 대기 중인 할머니들이 몇 분 계셨어요. 할머니들은 오랜 이웃처럼 이야기를 나누다가 우리 애를 보더니 '눈이 예쁘다', '착하게 생겼다'며 칭찬을 해주었어요. 아파서 병원에 왔으니 걱정도 해주셨고요. 자기 자녀, 손주처럼 귀여워해주는 모습을 보면서 기분이 좋았죠.

그런데 조금 지나니 그중 한 분이 '왜 아이 옷을 이렇게 얇게 입혔느

14

냐?', '모자는 왜 안 씌웠느냐?'며 잔소리를 시작하시더라고요. 저에게는 저 나름의 방식이 있는데 말이에요. 결국에는 두꺼운 옷을 입히는 것이 좋으냐 아니냐로 할머니 두 분이 말다툼까지 벌였어요. 집집마다 아이를 키우는 방법이 다를 수 있고 아이들도 다 제각각인데, 마치 자신의 방법만이 정답이고 그걸 꼭 따라야 한다는 듯이 말씀하셔서 불편했지요.

한국에 와서 그런 경험이 많았어요. 처음 보는 사람인데도 편하게 다가와서 참 좋다가도, 어떤 선을 넘어와 제 삶의 영역을 침범한다고 느끼는 그런 경험 말이에요. 외국에 살면서는 겪지 못한 일이라 낯설기도 했고요.

'존중'이 없는
인간관계

타인과의 관계가 매번 좋을 수는 없습니다. 정을 느끼다가도 끈적끈적하고 벗어날 수 없는 불편한 관계를 감수하다 보면 깊은 '한(恨)'이 쌓이기도 합니다. 외국어로 쉽게 번역할 수 없는 우리 사회만의 고유한 감정인 '정'과 '한'은 이렇게 가까운 정서적 거리가 만들어내는 동전의 양면과 같습니다.

이 동전의 앞뒤를 결정하는 것은 '존중'입니다. 가까이 지내면서 서로를 존중하지 않으면 문제가 생깁니다. 상대방에 대한 존중이 있느냐 없느냐에 따라 두 남녀의 똑같은 신체적 접촉이 사랑의 교감이 되기도 하고 성추행이 되기도 합니다. 타인과의 거리가 가까운 사회에서 존중이 없다면 지옥일 수밖에 없습니다. 가까운 인간관계 속에서 존중을 주고받지 못하는 우리는 피로합니다. 존중이 없는 인간관계에 익숙한 사회에서 살고 있는 우리는 무의식 속에 많은 스트레스를 안고 있는 건 아닐까요?

한국 사회는 이미 세계적인 저출산 국가입니다. 헬조선의 고용 불안과 전셋값 폭등 등 경제적인 문제가 많은 젊은이들에게 결혼과 출산을 꺼리도록 작용합니다. 그러나 연애 자체를 하지 않는 현상은 이 문제와는 또 다릅니다. 본능적인 사랑을 넘어서 연애와 결혼은 인간관계 중에서도 가장 높은 단계의 관계 맺기입니다. 관계 맺기에 서툰 사람들은 연애와 결혼이라는 관계에서 실패를 하고, 진지한 관계에 대한 기피 현상까지 보입니다.

직장에서의 관계는 어떤 모습일까요? 대부분의 직장인들은 일보다 사람들 사이의 관계에서 상처를 주고받습니다. 퇴근 후에도 친목을 다지며 자신의 줄(세력)을 만들고 관리합니다. 상사의 눈치를 보기도 하고, 동료 직원의 감정을 건드릴까 노심초사하기도 합니다. 직장에 있는 동안 업무가 아닌 인간관계에 더 많은 시간과 에너지를 씁니다. 그 안에서 생긴 상처는 관계로 풀어야 하지만 쉽게 사라지지 않고 곪아갑니다. 정서적 거리는 가까운데 존중이 없는 인간관계의 상처는 풀기도 어려워 혼자 끙끙대다 상처를 키웁니다.

김찬호 교수는 자신의 책《모멸감》에서 한국 사회에 팽배한 감정인 모멸감이 '업신여기고 얕잡아봄'에서 온다고 말합니다. 일베, 메갈리안, 꼰대, 맘충, 왕따, 편 가르기와 차별, 혐오범죄, 묻지마범죄, 정치인과 기업인 등 소위 사회 지도층의 어이없는 언행들, 인터넷에서 벌어지는 수많은 모욕, 소통의 부재 등……. 우리를 절망하게 만드는 많은 뉴스들에는 '존중의 부재'라는 중요한 공통점이 있습니다. 존중이 없는 사회는 우리에게 모멸감과 함께 절망과 무기력을 줍니다. 남녀노소, 계급과 계층, 보수와 진보, 종교를 떠나서 한국 사회에서 존중이란 참 찾아보기 어렵고 귀한 것이 되었습니다.

훌륭한 직장 동료였고, 제법 괜찮은 연인이었는데, 결혼을 하면서 최악의 상대가 되었다는 경험들을 종종 듣습니다. 밖에 나가면 좋은 사람인데 가까운 사람들에게 함부로 대하는 사람들, 거리가 가까워지면 상처를 주는 사람들. 이들 모두 존중을 제대로 배우지 못했습니다. 대체 한국 사회에 존중은 다 어디로 가버린 것일까요?

박범준

1부

존중 없는 사회에서
산다는 것

패스트푸드 식당 계산대에서 실랑이가 벌어지고 있었습니다. 한 여성이 포인트카드로 음식값을 결제하려고 하는데 포인트가 부족하다고 나오는 것이 문제였습니다. 점장으로 보이는 여성이 연달아 포인트카드를 긁어보아도 결과는 마찬가지였습니다. 손님은 "분명히 어제도 결제를 했고 남은 포인트를 확인했는데 왜 갑자기 포인트가 부족하다고 나오냐?"고 소리를 질렀습니다.

점장은 난처한 표정으로 뭐가 문제인지는 모르지만 당장은 포인트가 부족한 것으로 나오니, 다른 카드로 결제를 해달라고 부탁했지만 손님은 요지부동이었습니다. 포인트가 부족하지 않은 것이 분명하니 문제를 해결하라는 투였고 거듭되는 점장의 사과도 아무런 소용이 없었습니다.

하나뿐인 계산대에서 실랑이가 벌어지는 동안 계산대 줄은 점점 길어지고 있었습니다. 몇몇 손님은 노골적으로 불만스러운 소리를 냈습니다. 점장에게 몇 번 소리를 질러대고도 분이 풀리지 않은 손님은 갑자기 점장 뒤에 서 있던 아르바이트 직원에게 소리를 질렀습니다.

"너, 지금 나 때문에 얼굴 굳히는 거야?"

당황한 표정으로 아니라고 말하는 어린 여학생 아르바이트 직원에게 여자는 더욱 몰아붙였습니다.

"맞잖아? 지금 나 때문에 얼굴 찌푸리고 있는 거 아니야? 어디서 거짓말을 해! 내가 뭘 잘못했는데? 포인트가 분명히 있는데 결제가 안 되는 건 너희 문제잖아. 너 인상 안 풀어?"

아니라고 고개를 젓는 아르바이트 직원은 금방이라도 눈물을 터뜨릴 것 같은 표정이 되었습니다. 아르바이트 직원이 억지웃음을 짓고 있는 사이에, 손님은 몇 번 더 점장을 다그치고 나서야 다른 신용카드로 음식값을 결제했습니다. 그리고 식당 안에 있는 모든 손님에게 자신의 정당함을 확인해주려는 듯이 그녀는 큰소리로 이 모든 것이 식당의 포인트카드 시스템 오류 때문임을 외치고 나서야 식당을 나갔습니다.

누군가를 존중하지 않은
많은 순간들

한국 사회를 살아왔다면 이와 비슷한 상황을 어디서든 본 경험이 있을 것입니다. 포인트카드 결제에 문제가 생기는 것은 언제든지 생길 수 있는 일종의 돌발 상황입니다. 충분히 웃으며 해결할 수 있는 이런 상황이 식당에서 일하는 사람들은 물론, 주변의 다른 손님들까지 불쾌하고 피곤하게 만드는 큰 문제가 되는 이유는 무엇일까요?

문제의 손님은 식당의 점장도 다른 손님들도 존중하지 않았습니다. 결국엔 자신에게 불편을 끼친 돌발 상황도 해결하지 못했습니다. 특히 아르바이트 직원에게는 거의 폭력에 가까운 행동을 했습니다. 대체 그런 상황에서 아르바이트 직원은 어떤 표정을 지어야 할까요? 갑작스러운 상황에 당황해서든, 계산을 하기 위해 줄지어 선 손님들의 언짢은 표정 때문이든, 직원의 표정이 마냥 밝을 수는 없는 상황이었습니다. 그 표정을 '자신에 대해 눈살을 찌푸린 것'으로 단정 짓고 추궁하고 소리를 지르는 것은 약자일 수밖에 없는 아르바이트 직원에게 지나치게 가혹해 보였습니다.

식당을 나선 그 손님을 상상해봅시다. 식당에서 소리를 지르고 문을 나선 손님은 다른 카드로 계산한 햄버거를 들고 집으로 돌아갑니다. 가족들에게 자신이 당한 억울한 일을 털어놓습니다. 당연히 쓸 수 있어야 하는 포인트카드를 쓸 수 없었던 곤란함과 자신을 무시한 식당 직원들의 불손함에 너무 화가 났다고 말합니다. 식당에 있는 사람들이 자신을 쳐다보는 눈빛에서 모멸감을 느꼈다고, 특히 아르바이트 직원은 감히 어린것이 자신을 문제 있는 사람처럼 쳐다보다가 자신이 물어보니 아니라고 발뺌을 해서 참을 수 없이 괘씸했다고, 그래서 아주 혼쭐을 내줬다고 말합니다.

놀랍게도, 그녀의 기억 속에 자신이 누군가를 존중하지 않은 순간이란 아예 없습니다. 그녀는 자신이 모은 포인트를 쓸 수 있는 소중한 권리를 존중받지 못했을 뿐입니다. 그것이 자신을 존중하지 않으려는 의도였는지 기술상의 문제로 일어난 사고였는지는 생각조차 하지 않습니다. 점장이 자신의 불편을 해결해주지 않은 것도 자신을 무시한 거라고 생각합니다. 점장에게 그럴 권한이나 능력이 있는지는 생각하지 않습니다. 자신이 화가 나서 소리 지르는 것을 보고 다른 사람들이 자신을 교양 없는 여자로 혹은 포인트카드가 없으면 결제도 하지 못하는 가난한 사람으로 무시했다고 생각합니다.

그녀는 그 식당 안에 있는 모든 사람들이 자신을 존중하지 않았다는 분노 속에서 식당 문을 나섰습니다. 오히려 자신이 다른 사람들을 존중하지 않은 것이라고는 상상도 하지 못한 채 말입니다.

제대로

존중하지 못하는 사회

  우리는 존중이 아주 드물고 귀한 것이 되어버린 사회를 살아가
고 있습니다. 우리는 종종 위와 같은 답답한 상황을 목격하고 분노
합니다. 지하철에서, 식당에서, 학교에서, 직장에서 우리는 늘 이렇
게 존중할 줄 모르는 사람들을 목격하고, 그 피해자가 됩니다. 그렇
지만 자신이 다른 누군가를 존중하지 않는 당사자라고 생각하는 사
람은 거의 없습니다. 가해자는 없고 피해자만 가득한 세상이란 것
이 과연 가능할까요?

  우리는 늘 존중이 없는 사회를 탓하지만 우리 자신도 존중에 익
숙하지 못합니다. 살아가는 동안 우리는 어쩔 수 없는 피해자이면
서 동시에 가해자이기도 합니다. 내가 존중받지 못해서 화났다고
느끼는 많은 경우에 나 역시도 누군가를 제대로 존중하지 못했을
가능성이 있습니다. 어쩌면 자신이 존중 없는 사회에서 피해를 입
고 있는 것보다 모르는 사이에 가해자 역할을 해왔다는 것이 더 끔
찍한 일이 아닐까요?

  포인트카드 때문에 음식점에서 소리를 지르는 손님을 만나는 것
은 우리에게 일상입니다. 지하철에서, 마트에서, 길거리에서, 우리
는 주변 사람들은 안중에도 없다는 듯 무시하는 사람들을 자주 만

납니다. 뉴스에는 길거리에서 만나는 무뢰한들을 아무것도 아닌 것처럼 보이게 하는 놀라운 일들— 낙인 찍기, 막말, 혐오, 폭언과 비방, 조롱 등—이 난무합니다.

그런 일들이 벌어질 수 있는 것은 한국 사회에서 '무시'의 저변이 그만큼 넓기 때문입니다. 그런 무시들을 보면서 한탄하고 손가락질하는 대다수의 구성원들 역시 자기 주변에서 소소한 무시를 저지르며 살아갑니다. 길거리를 떠들썩하게 하고 뉴스에 등장할 만한 무시를 보면서 '사람이 어떻게 저럴 수 있을까'라고 도저히 이해 못하겠다는 표정을 지으며 말입니다.

큰 잘못들이 난무하는 세상이라고 해서 내가 일상에서 제대로 존중을 하지 않아도 되는 것은 아닙니다. 뉴스에 등장하는 큰 사건들은 눈살을 찌푸리게 만들지만, 제 삶을 돌아보게도 합니다. 삶을 사는 데 존중이 없으면 제 마음에, 또 제 주변 인간관계에 어려움을 줄 수 있으니 말입니다.

존중이 부족하다는 신호,
약한 자존감

　자존감은 자기 스스로를 있는 그대로 바라보고 인정하고 존중하는 능력입니다. 어떤 철학자는 '정상적으로 세상에 태어난 아이라면 우리가 가르쳐야 할 것은 오직 하나, 자기 자신과 다른 사람에 대한 존중감이다'라고 말했습니다. 성인이 갖춰야 할 능력은 아주 다양합니다. 사람들과 생각을 주고받을 수 있는 의사소통 능력, 신체적 능력, 도덕적 능력, 일상생활을 유지하고 경제적인 활동을 할 수 있는 능력 등이 그것입니다. 그 많은 능력 중에서 자신과 다른 사람들을 존중하는 능력을 갖추는 것이야말로 한 사람으로서 성숙함을 보여주는 유일한 기준이 됩니다.

　주변 사람들을 무시하는 태도를 스스로 알아차리기는 어렵습니다. 전 국민을 분노하게 만든 사람도 자신이 누군가를 무시했다고는 생각하지 못합니다. 식당을 떠들썩하게 만든 어떤 손님처럼, 오히려 자신이 무시당했다고 생각하기 마련입니다.

자신의 삶에 존중이 부족하다는 것을 스스로 알아차리기는 이렇게 힘이 듭니다. 다른 사람을 무시하는 사람은 자기 자신도 제대로 존중하지 못합니다. 엄밀하게 말하면 자기 자신을 존중하지 않기 때문에 다른 사람들을 존중하는 방법도 모릅니다. 이렇게 자아존중감 혹은 자존감은 자신이 인간관계에서 얼마나 존중감을 가지고 대하는지 확인할 수 있는 중요한 척도가 됩니다.

낮은 자존감의 표출,
허세

자존감을 키우지 못한 사람은 허세를 부립니다. 허세는 지나친 자신감에서 나오는 것이라고 생각하기 쉽지만 실제로는 지나친 열등감 혹은 자격지심의 산물입니다. 단단한 자존감을 가진 사람은 자신의 장점이나 단점을 있는 그대로 바라보지만, 자존감이 낮은 사람은 막연한 열등감을 가지고 있습니다.

'다른 사람들이 나의 열등함을 알아차리면 어떡하지?'

이런 두려움에서 출발해 자신을 대단한 사람으로 보이려 애쓰는 것이 바로 허세입니다.

왜 어떤 사람들은 고급 차와 명품 가방을 구입할까요? 왜 백화점의 VVIP 고객이 되기 위해 애쓸까요? 왜 인터넷에서 사람들의 관심을 받기 위해 악플을 달거나 거짓말을 할까요? 조금만 솔직해진다면 그들 모두는 고백할 수 있을 것입니다. 다른 사람들에게 자신이 보잘것없고 초라해 보이는 것이 두렵다고 말입니다. 남들이 보기엔 사회적인 명예나 물질적인 부를 충분히 가지고 있는 사람들도 자존감이 부족할 수 있고, 그와 비례해서 열등감에 시달립니다. 허세는 낮은 자존감 또는 열등감에 고통받는 사람들이 표출하는 절박한 몸부림입니다.

자존감 없이 세상을 살아가는 것은 정말 고통스럽습니다. 허세를 부려 사람들의 부러운 시선을 느끼고 잠시 열등감을 잊어보아도 혼자 잠자리에 드는 순간 또다시 초라한 자신의 모습을 만나게 됩니다. 다른 사람과의 비교는 끊임없이 자신의 열등감을 자극합니다. 누군가 자신의 단점을 지적하고 비웃는다면 누구나 마음이 힘들어집니다. 그런데 열등감을 가진 사람은 타인이 자기 자신의 단점을 지적하고 비웃는다고 상상하느라 하루도 마음 편할 날이 없습니다.

어느 순간 다른 사람에게 잘 보이기 위해서 자신의 장점을 과장하거나 자랑하고 있는 자신의 모습을 본다면, 그것은 낮은 자존감을 보여주는 하나의 신호일 수 있습니다. 다른 사람들의 의견에 지나치게 따르거나 자신이 원하지 않는 상황이라도 다른 사람들의 눈치를 살피며 받아들이는 사람도 있습니다. 흔히 '착한 사람 콤플렉스'라고 부르는 이런 경우도 허세와 크게 다르지 않습니다. 굳이 비유하자면 '자신이 착한 사람'이라는 허세라고 볼 수 있습니다. 또 다른 사람에게 부탁을 하지 못하거나, 다른 사람의 부탁을 거절하지 못하는 경우도 자존감이 낮은 사람의 행동이라고 할 수 있습니다.

두려움과 수치심의 표출,
공격성

스스로 낮은 자존감을 알아차릴 수 있는 또 하나의 신호는 공격성입니다. 공격성은 대체로 두려움 혹은 수치심의 표현입니다. 앞서 얘기한 아르바이트 직원을 공격한 손님의 경우를 다시 떠올려봅시다. 사람들이 자신을 교양 없고, 능력 없고, 아무것도 아닌 일로 시비를 걸어 문제를 일으키고, 공공장소에서 소리를 꽥꽥 질러대는 사람으로 본다는 두려움과 수치심이 보입니다.

그 순간 아르바이트 직원의 불편한 표정이 눈에 들어오면 그건 두말할 것도 없이 자신을 모욕하고 있는 것이라고 느낍니다. 그 순간 폭력적인 말로 직원을 공격하지 않으면 자신이 수치심 때문에 울어버리게 될지도 모릅니다.

공격받는 것에 대한 두려움 때문에 다른 이들을 공격하는 셈이니 '공격이 최선의 방어다'라는 격언을 제대로 실천하는 셈입니다. 그러나 이들이 '싸우지 않고 이기는 것이 최선의 병법'이라는 격언을 실천하기는 쉽지 않습니다. 자신의 공격성이 다른 누군가의 공격성과 부딪히는 순간마다 크고 작은 감정싸움이 벌어질 테니 말입니다.

일상생활에서 쉽게 나타나는 공격성은 자신의 주장에 집착하기입니다. 다른 사람의 말을 제대로 듣지 않고 자기 의견을 내세우거나 상대방의 말에서 허점을 찾기도 하고 '에이, 그건 아니야'라며 다른 사람의 말을 잘라버리기도 합니다. 다른 사람과 시비 가리는 것을 좋아하고, 사소한 시비에 목숨을 건 듯 달려들기도 합니다.

공격 성향을 가진 사람은 자신과 다른 견해에 대해서 특히 공격적이 됩니다. 다른 생각이 자신에 대한 공격인 양 받아들이고 그에 대한 공격을 일삼습니다. 이들에게 자신의 신념, 종교, 이념을 지키는 것이 그토록 소중한 이유는 그런 방패가 없는 자기 자신이 더없이 초라하고 무기력한 존재라고 느끼기 때문입니다.

열등감을 가진 사람은 다른 사람을 공격함으로써 잠시나마 자신이 다른 사람보다 우월하다고 느끼고 싶어 합니다. 한국 사회에서 언제부터인가 일반화되어버린 '왕따 현상'은 이런 공격성을 가장 잘 보여주는 사례입니다. 왕따 현상에 참여하거나 묵인하는 사람들은 힘없는 왕따를 정해놓고 공격함으로써 자신은 공격받지 않을 거라는 위안을 얻습니다.

자신의 자존감을
돌아보는 것

누구에게나 자신을 있는 그대로 보는 일은 어렵습니다. 다른 사람들로부터 존중감이 부족하다는 의견을 들어도 귀담아듣기 쉽지 않습니다. 또 그런 반응을 얻어도 쉽게 수긍하기보다는 자기 자신을 방어하려고 애쓰기 쉽습니다.

자신에게 어느 정도의 존중감이 있는지 살펴보려면 먼저 자신의 자존감을 돌아봐야 합니다. 말이나 행동에서 허세나 공격성을 발견한다면, 스스로 존중감이 부족하다고 볼 수 있습니다. 이런 경우, 내 주변 사람들이 나에게서 무시당한다고 느끼고 있을 가능성이 매우 높습니다.

허세와 공격성은 어른이 아닌 사춘기 청소년에게나 어울리는 모습입니다. 자아를 이제 막 형성하기 시작했지만 아직 미성숙한 상태인 청소년들은 자존감이 부족하기 쉽습니다. 실제로 요즘 '중2병'이라 불리는 시기의 청소년들은 허세와 공격성을 보이는 일이 많습니다. 그런데 왜 우리는 어른이 되어서도 존중감을 갖지 못하고 허세와 공격성을 보이고는 할까요?

돌아보면 살면서 필요한 많은 것들을 학교나 언론을 통해서 배워왔지만, 존중을 가르쳐준 곳은 어디에도 없었습니다. 존중이란 무엇인지, 어떻게 자기 자신을 혹은 다른 사람들을 존중할 수 있는지, 이런 것들은 대체 어디서 배울 수 있을까요?

가족을
존중하는 방법

존중을 배우는 가장 좋은 방법은 제대로 존중을 받는 것입니다. 한 개인이 아무리 노력해도 전반적으로 한국 사회의 존중감이 낮은 이유가 바로 여기에 있습니다. 제대로 존중받는 경험을 하기 어려운 환경이니 말입니다.

국어사전에서는 '존중'을 '높이어 귀중하게 대함'이라고 설명합니다. 이런 사전적인 정의 때문에 존중을 어렵고 대단한 것처럼 생각하지만 사실 존중은 그렇게 심각하고 대단한 것이 아닙니다. 어떻게 미숙한 어린아이의 생각을 높고 중하게 여길 수 있겠습니까? 사람은 누구나 실수를 하고, 잘못 생각하는 부분도 있는데 어떻게 그 누군가의 행동이나 생각을 항상 존경할 수 있겠습니까? 존중은 존경하고 섬기는 것이 아닙니다. 존중은 함부로 판단하거나 해석하지 않고 있는 그대로 봐주는 것일 뿐입니다.

당황해서 어쩔 줄 모르고 서 있는 아르바이트 직원에게 폭언을 퍼부은 손님을 다시 생각해봅시다. 그 손님은 어떤 이유로 아르바이트 직원의 표정이나 생각을 함부로 판단해버렸습니다. 자신을 한심하고 교양 없는 손님이라고 생각하고 있다고 제멋대로 판단하는 그 순간, 존중은 사라집니다. 폭력적이고 모욕적인 말과 행동은 존중이 사라지면서 뒤따르는 것들입니다.

존중을
키울 수 있는 시간

마셜 B. 로젠버그 박사는 자신의 책 《비폭력대화》에서 우리가 하는 말에서 폭력적인 요소를 제거하기 위해서 관찰, 느낌, 필요, 부탁이라는 네 가지 단계를 제시합니다. 상황을 있는 그대로 관찰하고 그것을 묘사하는 것, 그 상황에서 자신의 느낌을 표현하는 것, 자신이 원하는 필요를 표현하고 부탁하는 것. 이 네 가지 단계는 자신이 처한 상황에서 자신과 상대방을 존중하는 데 아주 유용합니다.

회사에서 퇴근해 집에 돌아와 보니 아이의 장난감으로 거실 바닥이 어지럽습니다. 아이는 엄마가 퇴근하기 전까지 가지고 놀던 장난감을 제자리에 두겠다고 약속을 했는데 말입니다. 이때 엄마가 아이의 마음을 함부로 판단하면 존중이 사라진 폭력적인 대화가 됩니다.

"넌 도대체 왜 이 모양이니? 엄마 오기 전까지는 맘대로 장난감을 가지고 놀아도 엄마가 집에 왔을 때는 깨끗하게 정리해두겠다고 엄마랑 약속했잖아! 엄마가 힘들게 일하고 돌아와서 또 이걸 치워줘야겠니?"

엄마의 이런 말에는 '너는 엄마와의 약속을 중요하게 생각하지 않고, 힘들게 일하고 돌아온 엄마에게 일을 시키려고 하는 나쁜 아이야'라는 판단이 들어가 있습니다. 실제로 그렇게 생각하는 건 아닐지라도 말입니다. 사실 아이는 그저 재미있게 노는 데 정신이 팔려 시계를 못 본 것뿐일 수도 있는데, 이렇게 판단하는 것이 바로 존중하지 않고 무시하는 것이며 이는 곧 폭력적인 말로 표현됩니다.

《비폭력대화》의 네 가지 단계를 따르면 엄마의 대화는 이렇게 바꿀 수 있습니다.

"거실이 온통 장난감투성이구나. 로봇 장난감은 저기 있고, 동화책은 저쪽에 펼쳐져 있고……. 엄마가 걸어서 지나갈 틈도 안 보이네. 지금 시간이 벌써 6시가 넘었는데……."

이렇게 그 어떤 판단도 없이 관찰한 것을 그대로 묘사해주면 아이는 정신을 차리고 상황을 알아차립니다.

"분명히 엄마가 돌아올 때까지는 장난감을 정리해두겠다고 약속했었는데……. 엄마랑 약속한 걸 지키지 않아서 엄마는 속상해.”

자신의 느낌을 표현하는 것은 자신의 감정을 스스로 존중하는 좋은 방법입니다. 게다가 ‘내가 속상하다’고 말하는 것은 다른 누군가에 대한 판단이 아니라 자신의 느낌입니다. 자신의 감정을 있는 그대로 짜증이나 분노 같은 감정을 섞지 않고 표현하는 데 성공하면 대부분의 경우에는 상대방의 공감을 얻을 수 있습니다.

“엄마는 일하고 와서 많이 피곤한데 이렇게 약속을 지키지 않으면 엄마는 너무 힘들어.”

현재 상황을 같이 바라보고 엄마의 감정에 공감한 아이에게 엄마가 필요한 것을 이야기하면 아이는 자신이 무언가 잘못했다는 것을 스스로 깨달을 수 있습니다.

“엄마가 옷 갈아입고 씻는 동안 장난감 좀 정리해줄래? 그리고 내일부터는 엄마 오기 전까지 잘 치워두겠다는 약속을 꼭 지켜줬으면 좋겠어!”

아이는 처벌받거나 떠밀려서가 아니라 엄마의 부탁을 들어주는 좋은 아이가 되었습니다. 아이들은 실수하지 않는 것을 배우기보다는 실수를 했을 때 대처하는 방법을 배워야 합니다. 나쁜 아이라고 단정 짓는 듯 말하고 고함을 질렀을 때, 아이는 ‘나는 정말 나쁜 아이야!’라는 수치심과 ‘나는 나쁜 아이가 아니야. 그저 잠깐 노는 데 정신이 팔려 있었을 뿐이야!’라는 변명 사이에서 감정적인 고통을 받습니다. 반대로 존중을 받은 아이는 '자신의 잘못을 깨닫고, 엄마의 부탁을 들어준 괜찮은 아이'라고 자신을 느끼게 됩니다. 엄마에게 존중받은 아이는 이렇게 자신에 대한 존중을 키울 수 있는 기회를 얻었습니다.

비폭력대화(NVC, Nonviolent Communication)

비폭력이란 우리 안에서 폭력의 기운이 가라앉고 마음이 차분해져 자연스럽게 연민이 우러나는 상태를 말합니다. 비폭력대화는 연민과 공감으로 다른 사람들과 유대 관계를 맺고 자신을 더 깊이 이해하는 데 도움이 되는 구체적인 대화 방법입니다.

비폭력대화는 1960년대 인종차별폐지법이 시행될 때 일어난 여러 가지 갈등을 해소하기 위한 미연방정부의 프로젝트를 계기로 개발되었습니다. 비폭력대화의 창시자는 임상심리학박사이자 평화운동가인 마셜 B. 로젠버그입니다. 1984년 미국에 첫 비폭력대화센터(CNVC, The Center for Nonviolent Communication)을 설립했고 세계적으로 국가 간 분쟁지역에서 중재자로 활동했습니다.

마셜 B. 로젠버그는 '인간의 본성은 서로의 삶에 기여할 때 기쁨을 느낀다'는 신념을 가지고 두 가지 문제에 접근했습니다. 첫째, 왜 사람들은 선한 본성을 잃고 서로에게 폭력을 쓰면서 살게 되었을까요? 둘째, 왜 어떤 사람들은 어려운 상황에서도 본성을 잃지 않고 다른 사람들에 대한 연민을 유지하며 살고 있을까요?

이 두 가지를 연구하는 과정에서 마셜 B. 로젠버그는 우리가 상대에 대한 연민을 가지고 대화를 하게 되면 의식의 전환이 온다는 사실을 깨달았습니다. 이 의도는 상대와 마음을 연결하는 것입니다. 마음의 연결을 통해서 서로가 바라는 것을 이해하고 존중하면서 모두가 바라는 것을 평화롭게 충족할 수 있는 방법을 같이 찾아보는 것입니다.

비폭력대화는 가슴의 소통법이며 그것을 통해 대화를 하는 것은 우리의 본래 모습을 일깨워준다는 사실을 전하고 있습니다. 비폭력대화의 효과는 개인, 가족, 집단 사이의 갈등을 예방하고 감소시키며 해결할 수 있고, 과거의 아픈 상처나 자신이 한 행동에 대한 죄책감으로부터 자유로워져서 현재 행복하게 살 수 있도록 도와줍니다.

비폭력대화는 단순히 대화하는 방법에 그치는 것이 아니라 비폭력적으로 생각하고 행동하며 살게 하는 의식의 패러다임 전환을 가져다줍니다. 쉽게 배울 수 있고 즉시 변화를 가져오는 힘이 있으며, 감사하는 마음을 불러일으킵니다.

감정줄로 묶인
'애증 관계'

새끼 때부터 동물원에서 혼자 자란 사자는 야생에서 자란 사자보다 사냥에 서툴 수밖에 없습니다. 야생에서 자란 새끼 사자는 어릴 때부터 형제들과 뒤엉켜 으르렁거리고 넘어뜨리면서 장난을 칩니다. 놀이를 통해 새끼 사자는 서열을 정하기 위해 싸우거나 사냥감을 잡는 연습을 합니다. 조금 더 자라면 사냥을 나가는 어미 사자를 뒤따릅니다. 아직 어설프지만 어미 사자의 능숙한 사냥을 지켜보고 스스로 경험하면서 새끼 사자는 조금씩 사냥을 배웁니다. 어미로부터 독립하고 나면 하루하루 생존하기 위해서 목숨을 걸고 사냥에 나서야 합니다. 반면에 동물원에서 혼자 자란 새끼 사자는 사냥에 적합한 신체 구조와 본능을 가지고 있을 뿐 사냥 자체에 대한 경험이 전혀 없습니다.

가정에서 존중을 받으면서 자란 아이와 존중이 없는 가정에서 자란 아이의 차이도 이와 같습니다. 존중을 받으면서 자란 아이는 하루하루 자기 안의 존중감을 키우고 그것을 다른 사람과의 관계에서 연습할 기회를 얻습니다.

반대로 존중을 받지 못하고 자란 아이는 끊임없이 스스로에 대한 존중감을 깎아먹습니다. 다른 사람과의 관계에서 존중하는 것에도 서툴 수밖에 없습니다. 이렇게 자란 아이가 뒤늦게 존중을 배우기 위해서는 동물원에서 자란 새끼 사자가 야생에서 사냥하는 방법을 배우는 것과 같이 의식적으로 꾸준한 노력이 필요합니다.*

부모에게 존중을 받지 않고 자란 아이가 성인이 되어 부모로부터 독립해 자신의 가정을 꾸립니다. 그렇지만 계속해서 자신의 부모와 여러 가지 면에서, 특히 심리적인 면에서 밀접한 관계 속에서 생활합니다. 같은 집에서 살며 일상을 공유할 때만큼은 아니겠지만, 한 달에 몇 번 통화하고 명절 때 만나는 것만으로도 충분한 심리적인 영향을 받습니다. 또 존중이 없는 관계를 맺은 부모와 자녀는 다양한 형태의 감정적 갈등으로 고통받습니다. 흔히 '애증 관계'라고 부르는 감정의 줄다리기입니다.

---

* 한국에서 영어를 가르치던 중 한국 교육의 장점을 배우게 된 세스 앤드류(Seth Andrew)는 2005년 뉴욕 빈민가 할렘에 데모크라시 프렙 공립 고등학교를 설립하였습니다. 그리고 한국어를 정규 과목으로 채택하고 도서관 직원으로 근무하던 한국인 여성에게 한국어를 가르치도록 했습니다. 10년 후 데모크라시 프렙 학교는 미국 각지에 분교 17곳이 생겼습니다. 빈민가의 흑인 아이들이 대학 진학을 목표로 삼게 되었고, 그 핵심에는 한국어를 배우는 가운데 부모님과 선생님을 존중하는 한국의 가치관을 배우면서 '자아존중감'이 높아졌기 때문이라고 합니다. 한국에도 '자아존중감' 키우기를 목표로 하는 학교가 있습니다. 서울시교육청에서 1년 과정으로 운영하는 '오디세이학교'입니다. 이 학교에서는 '자아존중'의 힘을 터득하게 하여 자포자기 상태에 있던 아이들이 최선을 다하는 사람이 되어 삶을 바꿔나가는 예를 보여주고 있습니다.

엄마와 딸 사이의
감정줄

40대 주부이며 두 자녀의 엄마인 김지연 씨는 친정엄마와 종종 전화 통화를 합니다. 아이들이 커가고 삶이 공허하게 느껴지면서 친정엄마에 대한 애틋한 마음이 커졌기 때문입니다. 친정엄마의 안부를 묻고, 아이들 학교 얘기며 남편 얘기를 하다 보면 시간이 가는 줄 모릅니다. 편하게 이야기를 터놓을 수 있어서 좋고 친정엄마의 말벗이 되어드리는 것도 뿌듯합니다. 그런데 막상 전화를 끊고 나면 항상 속이 부글부글 끓어오릅니다. 친정엄마는 실컷 전화로 수다를 떨고 나서 전화를 끊기 직전에 항상 잔소리를 늘어놓기 때문입니다.

"살은 좀 뺐니?"

"그러니까 너도 집에만 있지 말고 좀 전문적인 일을 찾으라니까!"

몇 십 년 동안 계속되는 친정엄마의 레퍼토리에 익숙해질 법도 한

데 여전히 마음에 상처를 입습니다. 지연 씨는 전화를 끊을 때마다 다시는 전화하지 말아야지 생각하다가도, 엄마에 대한 짠한 마음이 떠올라 다시 안부 전화를 반복합니다.

30대 여성으로 서울에서 직장생활을 하고 있는 한영희 씨는 엄마가 자신에게 집착하고 있다고 생각합니다. 직장생활에 바쁜 영희 씨는 이따금 엄마가 건 전화벨 소리를 들을 때마다 한숨부터 내쉽니다. 휴대전화를 보는 영희 씨 표정만 봐도 그 전화가 시골에 사는 엄마라는 것을 알아차릴 수 있을 정도입니다.

엄마의 전화는 늘 똑같습니다. "밥은 먹었니?", "넌 왜 그렇게 엄마한테 전화를 안 하니?", "엄마랑 통화하는데 목소리가 왜 그래?", "무슨 일 있어?" 이러시다가 "너는 엄마 생각도 안 나니?", "딸이 되어서 왜 그리 이기적이니?", "다른 집 딸들은 엄마한테 살갑게 구는데 너는 도대체 엄마한테 왜 그러는지 모르겠다"로 이어집니다. 안부로 시작해 신세 한탄으로 끝나는 엄마의 전화가 영희 씨에게는 마치 고문처럼 느껴집니다. 도대체 전화가 즐거워야 통화도 하고 싶어질 텐데 말입니다. 학창 시절에는 남들이 부러워할 정도로 친한 엄마였는데……. 엄마가 뭘 원하시는 건지, 자신이 뭘 어떻게 해야 할지 도저히 알 수가 없습니다.

친정엄마에 대한 지연 씨의 감정은 말 그대로 애증이라 할 만합니다. 애틋하고 그리운 마음과 섭섭하고 억울한 마음이 공존하고 있습니다. 영희 씨가 '밥은 먹었니?'라는 엄마의 물음에 짜증이 나는 것을 어떤 논리로 설명할 수 있을까요? 영희 씨에게 '밥 먹었니?'는 단순히 안부를 묻는 질문이 아닙니다. 오랜 시간 동안 엄마와의 관계에서 쌓인 감정들이 있기 때문에 영희 씨는 엄마의 말을 있는 그대로 받아들일 수 없습니다. 영희 씨와 엄마 사이에는 그 어떤 논리로 설명할 수 없는 감정줄이 팽팽히 놓여 있습니다. 엄마와 딸 사이에 팽팽하게 놓여 있는 애증의 감정줄은 지연 씨나 영희 씨뿐 아니라 많은 딸들이 겪고 있는 현실입니다.

친밀함과
존중감 사이의 관계

감정줄은 꼭 엄마와 딸 사이에만 생기는 게 아닙니다. 엄마와 아들 사이에도 생길 수 있고, 아빠와 자녀들 사이에도 생길 수 있습니다. 물론 부모와 자녀 사이가 아니라 부부나 연인, 친구나 동료, 형제 사이에도 생깁니다. 다양한 '감정줄 관계'의 공통점은 친밀함은 크지만 존중감이 없다는 점입니다.

친밀함이란 정서적으로 얼마나 가까이 있는가를 말합니다. 친밀함은 물리적인 거리와도 관련이 깊습니다. 예를 들면 가족들은 서로 삶의 공간이 무척 가깝고, 직장 동료와는 일하는 공간이 가깝습니다.

관계에서 친밀함이란 '물리적으로 얼마나 가까운가'를 넘어서 '정서적으로 얼마나 가까운가' 즉 '얼마나 친한가'의 의미입니다. 친밀한 관계는 가까운 사이, 서로를 잘 알고 이해하는 사이, 좋아하는 사이, 서로 내 편이 되어주고 도움을 주려는 사이를 의미합니다.

인간관계의 또 다른 요소인 존중감은 '얼마나 서로의 고유한 영역을 지켜주는가'를 의미합니다. 사람들은 저마다 고유한 존재입니다. 존중감이란 그 사람의 고유한 모습 그대로를 이해하고 인정하는 것을 의미합니다.

존중감이 없는 관계에서는 상대방의 영역에 거침없이 치고 들어갑니다. 예를 들면 상대방을 자기 마음대로 규정하거나, 상대방이 소중하게 생각하는 무언가를 부정하기도 합니다. 상대방을 자기 마음대로 바꾸려 하거나, 가르치려 드는 것도 존중이 없는 태도입니다. 존중하는 관계는 서로를 인정하는 사이, 서로 믿어주는 사이, 상대방과 함께 있으면 내 스스로가 더 믿음직하게 느껴지는 사이입니다.

친밀함과 존중감을 공간에 비유해보면 조금 더 쉽게 이해할 수 있습니다. 친밀함이란 두 공간 사이의 거리에 비유할 수 있고 존중감이란 서로의 공간을 잘 지켜주느냐에 비유할 수 있습니다. 친밀하고 존중하는 관계에서는 서로 거리가 가까우면서도 상대방의 공간을 잘 지켜줍니다. 기숙사에서 한방을 쓰면서도 상대방의 개인 공간인 침대나 옷장을 침범하지 않는 것입니다. 혹은 한집에서 공용 공간인 거실과 주방을 함께 쓰더라도 개인 공간인 침실은 철저하게 존중해주는 것을 떠올려볼 수도 있습니다.

친밀하면서 존중하지 않는 관계란 한집에 살면서 서로의 공간에 불쑥불쑥 들어가는 것과 같습니다. 상대방의 옷장을 함부로 열어 맘에 드는 옷이 있으면 묻지도 않고 입습니다. 서랍 속에 있는 펜을 말도 없이 빌려가기도 하고 일기장을 들춰보기도 합니다. 방에 돌아와 보면 내 책상의 위치가 바뀌어 있기도 합니다. 이런 것들이 가깝고 존중이 없는 관계의 모양새입니다.

친밀함이 없는 관계는 공간적으로 멀리 떨어져 있는 관계에 비유할 수 있습니다. 인간관계에서는 물리적 거리상 멀리 떨어져 있어도 상대방의 삶의 영역에 침입하는 일이 곧잘 일어납니다. 친밀하지도 않은 사람의 삶에 간여하려고 하는 흔히 '오지랖'이라고 표현하는 경우입니다. 최근에는 직접 만나지 않고도 자신과 아무런 친밀감이 없는 사람을 불쑥불쑥 침입할 수 있는 방법들도 늘어나고 있습니다.

감정줄을 푸는

가장 빠른 방법

　친하지만 존중 없는 관계의 감정줄은 모든 인간관계에서 나타납니다. 그럼에도 불구하고 엄마와 딸 사이의 감정줄에 주목하는 것은 엄마라는 존재가 가진 특별한 지위와 역할 때문입니다.

　가족공동체는 한 인간이 세상에 태어나 인간관계를 처음으로 배우는 곳이며, 대체하기 힘든 인간관계의 학습장입니다. 엄마는 그 가족공동체 안에서 관계의 중심으로서 자녀들과 가장 강력하고 지속적인 친밀함을 나누는 존재입니다. 두말할 것도 없이, 딸은 다음 세대의 엄마가 됩니다.

　가장 친밀한 엄마와의 관계에서 존중감을 경험하느냐 경험하지 못하느냐는 딸에게 더없이 중요합니다. 마치 어미 사자에게서 사냥을 배운 새끼 사자와 그렇지 못한 새끼 사자처럼 그 둘은 살아가는 데 커다란 차이가 생깁니다. 또 자신이 어미 사자가 되었을 때 자신이 가지고 있지 못한 것을 새끼 사자에게 전해줄 수 있는 방법이란 없습니다.

　딸은 자라서도 엄마와 감정줄을 이어가고 다시 자신의 자녀들과 감정줄 관계를 맺습니다. 이런 식으로 엄마에게서 딸에게, 또다시 엄마가 된 딸이 그 자녀에게 대물림한다는 점에서, 엄마와 딸 사이의 감정줄은 다른 관계보다 더욱 중요합니다.

이것이 우리가 엄마와 딸의 감정줄에 주목해야 하는 이유입니다. 여성들이 먼저 해묵은 감정줄을 정리하는 것이 한국 사회에 만연한 감정줄을 푸는 가장 빠른 방법이 됩니다. 내면에 팽배해 있는 감정줄을 정리하면 마음이 강인해집니다. 배우자와 자녀와 함께 건강한 가정을 꾸리게 되고 합리적인 세상을 만들어가는 자력을 키울 수 있습니다.

엄마와 아이의
감성 결핍

얼마 전 일본에서 짧은 텔레비전 광고 하나가 많은 사람들의 공감을 불러일으켰습니다. 도쿄 가스 광고 '엄마라는 사람' 편에 등장하는 엄마는 방문을 열 때 절대 노크를 하지 않습니다. 전화할 때만 목소리가 상냥해지고, 엄마가 보낸 문자 메시지에는 오타가 가득합니다. 식구들 옷을 마음대로 입습니다. 텔레비전 드라마를 보면서 눈물을 흘리는 감수성을 보이다가도 아빠에겐 늘 무뚝뚝하고 화를 냅니다. 선물을 받으면 당황할 정도로 기뻐합니다. 누구보다도 늦게 잠자리에 들어 누구보다도 일찍 일어납니다. 그리고 언제부터인가 늙어갑니다.

이 광고에서 특히 눈길을 끄는 장면이 있었습니다. 아들이 입지 않고 옷장에 처박아둔 트레이닝복을 입고는 '이 정도면 괜찮지?'라고 물어보는 엄마가 나오고, 곧이어 텔레비전 드라마를 보면서 소녀처럼 눈물을 흘리는 모습이 나옵니다. 세상은 엄마들이 마치 남자도 여자도 아닌 제3의 성을 가진 사람처럼 말하지만, 알고 보면 여전히 소녀 같은 감성을 가지고 있노라고 이 광고는 말하는 듯합니다.

한국 사회에서 이런 감성적 결핍 상태에 있는 여성들을 표현하는 말은 바로 '아줌마'일 것입니다. 아줌마들은 지하철이나 버스에서 빈자리를 차지하기 위해 몸을 날리고, 세일하는 물건을 사기 위해 몸싸움을 마다하지 않는 '현실감각' 혹은 '궁상'을 보여줍니다. 또 자녀들을 위해 치맛바람을 일으키고 속옷이 삐져나와도 개의치 않을 정도로 '염치' 혹은 '두려울 것'이 없습니다. '아줌마'는 단지 나이 든 여성을 부르는 말이 아니라 감성적인 결핍에 빠진 엄마들을 부르는 말입니다.

감성적으로
결핍이 많은 엄마

흔히 한국 엄마들은 결혼을 하거나 아이를 낳으면 자신의 이름을 잃어버린다고들 말합니다. 누군가의 아내, 어느 집의 며느리, 누구 아이의 엄마로 불리면서 자기 이름을 듣거나 쓸 일이 없어집니다. 자신의 이름을 잃어버린다는 상징처럼 엄마들의 감성적 결핍이란 '자신'의 상실입니다. 조금 더 구체적으로 말하자면 자신의 감성을 스스로 소외시키는 지경에 이르는 것이며, 존중받지 못한 삶 속에서 스스로에 대한 존중감을 잃어버린 상태입니다.

감성적으로 결핍이 있을 때 많은 경우 말로 표현할 수 없는 공허함과 답답함을 느낍니다. 도대체 내가 왜 살고 있는 건지 모르겠다는 생각이 들고, 헛헛한 마음에 이유 없이 한숨을 내쉬는 일이 많아집니다. 세상이 답답하고 못마땅해서 무얼 봐도 부정적인 생각이 듭니다. 그러다가 오래전 듣던 노래 한 곡, 무언가 가슴에 와 닿는 드라마 대사 하나에도 알 수 없는 눈물이 흐릅니다. 그 어떤 비유적 의미가 아니라 말 그대로 가슴이 저리고 아파오기도 합니다.

이런 감성적 결핍은 무언가에 대한 의존적 경향, 즉 집착이나 중독으로 이어지기 쉽습니다. 무엇이든 사야 하는 쇼핑 중독, 종교에 대한 맹목적인 의존, 명품 가방 같은 물질적인 과시에 대한 집착 등이 그것입니다. 더 심각한 경우에는 도박이나 약물로 허전한 마음을 달래려 하기도 합니다. 그중에서도 가장 흔히 나타나는 것은 자녀에 대한 집착입니다.

자녀에게 집착하는 엄마는 아이에게 열심히 공부하라고 다그칩니다. 꿈을 찾기 위해 노력하고 고민하라고 등을 떠밉니다. 할 일 없이 텔레비전 보고 스마트폰이나 만지작거리지 말고, 미래를 위해

책을 보라고 혼을 냅니다. 공부가 아니어도 좋으니 뭔가 네가 하고 싶은 것을 찾아야 하지 않겠냐고 걱정합니다.

아이 입장에서 이런 엄마의 다그침은 공허하게 들릴 수밖에 없습니다. 정작 그런 말을 하는 엄마는 자신의 삶에 아무런 애정이 없고 자신을 위해 어떤 노력도 하지 않는 것이 뻔히 보이니 말입니다.

"너는 왜 꿈이 없니? 그렇게 하고 싶은 게 없어?"

"그럼 엄마는 꿈이 있어요? 엄마 꿈은 대체 뭔데요?"

"엄마의 꿈은 네가 잘되는 거야!"

아이가 잘되는 것이 꿈이라는 엄마의 말을 사랑으로 해석하면 위험합니다. 오히려 '나는 꿈이 없어 공허하단다. 그래서 너에게 집착하고 있는 거야!'에 더 가깝습니다.

자녀에게
집착하는 엄마

감정줄 관계가 대를 이어 엄마에게서 다음 세대 엄마에게로 전해지듯이, 지금 현재 엄마의 감성적 결핍 역시 대를 이어 전해진 것입니다. 남성중심사회에서 엄마들은 억눌린 채 살아왔습니다. 그 누구에게도 제대로 존중받지 못하고 살아온 엄마들은 스스로 단단한 자존감을 키우지 못한 경우가 많습니다. 그에 더해 배우자와의 정서적인 교감이 단절되면 감성적 결핍은 더욱 커집니다.

아기가 태어나면 엄마의 모든 관심과 감정은 갓 태어난 아기에게 집중됩니다. 아직 자신의 감정이 낯선 아기는 기쁨과 슬픔, 두려움과 편안함 등 모든 감정을 엄마에게 독점적으로 공급 받습니다. 감성적 결핍이 있는 엄마는 아기와의 감정 교류에 집착하기 쉽습니다. 갓 태어난 아기와 밀접하게 교감하며 헌신적으로 아기를 돌보던 엄마는 아이가 커가면서 원래의 자리인 배우자와의 관계로 돌아가야 하지만, 배우자와의 관계가 심각하게 소원해졌거나 아예 사라진 경우 엄마의 애정에 대한 욕구가 아기에게 집중됩니다.

이런 경우 당연히 배우자인 아빠 역시 감성적인 결핍을 겪기 마련입니다. 또 아빠는 아빠대로 유아 시절부터 감성적 결핍 증상을 가진 자신의 엄마로부터 대물림받은 문제들을 내면에 지니고 있을 수 있습니다. 아빠에게 감성적 결핍은 엄마와는 다른 방식으로 또 다른 문제들을 일으키고 가족들에게도 영향을 끼치게 됩니다.

엄마는 자신의 해소되지 않은 감정의 응어리들을 자녀에게 쏟아냅니다. 엄마가 자녀에게 집착하면서 감정줄 관계가 시작됩니다. 아이가 자라는 동안 엄마는 이런 말들을 끊임없이 되풀이합니다.

"엄마의 꿈은 네가 잘되는 거야!"

얼핏 이타적인 엄마의 희생을 잘 보여주는 말처럼 들립니다. 하지만 사실 엄마의 이 한마디는 자신의 감성적 결핍 때문에 생긴 자녀에 대한 집착을 집약한 말입니다. 이 한 문장에는 엄마들의 이런 외침들이 모두 담겨 있습니다.

'어쩌다가 내 삶이 이렇게 되었는지······.'

'내가 네 아빠 때문에 못 산다. 못 살아!'

'너는 절대 엄마처럼 살지 마라.'

'내가 다 너 때문에 이렇게 사는 거야. 알겠지?'

엄마의 마음을
전하는 말

"응, 왜?"

"먹었어."

"응."

"알았어, 끊어."

평소엔 늘 상냥하고 부드러운 목소리로 전화를 받고 이야기를 나누던 한 여성이 이렇게 전화를 받는다면, 그 전화는 누구에게서 온 것일까요? 상대가 누구든 감정줄 관계에 있는 불편한 사람임이 분명하고, 또 자신의 엄마일 가능성이 높습니다. 슬픈 이야기지만, 세상에 엄마가 아닌 다음에야 이렇게 함부로 전화를 받을 수 있는 사람이 누가 또 있을까요?

말은 중요합니다. 흔히 마음이 알맹이라면 말은 껍데기에 불과하다고 착각하기 쉽습니다. 그렇지만 누군가 말을 할 때에는 다양한 경로를 통해 그 사람의 마음이 드러나기 마련입니다. 말하는 내용은 물론 목소리의 높낮이, 세기, 속도, 음색도 무언가를 말해줍니다. 말할 때의 표정, 눈동자의 움직임, 손놀림, 몸짓, 말을 멈췄을 때 쉬는 숨소리도 마찬가지입니다. 감정줄 관계에서 앞서 말한 모든 상황에 대한 껍데기들은 '나는 당신을 존중하지 않는다'라는 알맹이를 드러냅니다.

마음의 중심,
정신

감정줄 관계에서는 상대에게 상처 주는 말을 해놓고 '마음은 그렇지 않은데……'라고 후회하는 일이 많습니다. 왜 우리는 마음에도 없는 말을 했다고 느끼는 걸까요? 우리의 마음은 감정과 정신으로 이뤄져 있습니다. 감정은 마음의 겉입니다. 감정은 본능적이며, 육체와 주변 환경의 변화에 따라 끊임없이 바뀌고 흔들리기 마련입니다. 세상을 살면서 오염되었다가 어떤 순간 정화가 되기도 합니다. 흔히 파도에 비유하듯, 분노나 슬픔 혹은 기쁨과 즐거움이라는 감정은 변덕스럽게 밀려왔다 밀려갑니다.

감정과 달리 마음의 중심은 바로 정신입니다. 정신이 마음의 가운데에 굳건히 자리 잡고 있으면 감정이 요동칠 때도 언젠가 돌아올 수 있는 자리가 되어줍니다. 호랑이에게 물려가서 두려움과 슬픔의 감정에 휩싸였다가도, 그 감정을 다스리고 정신만 차리면 살아올 기회가 생긴다는 바로 그 '정신'입니다. 가끔은 감정에 휩싸여 잃어버렸다가 어느 순간 정신이 돌아오는 경험은 누구나 있을 것입니다.

감정줄에 매달린 엄마와 딸은 반사적으로 감정의 파도에 휩쓸리기 쉽습니다. 그 순간 정신을 잃고 존중이라고는 찾아볼 수 없는 감정적인 말을 주고받습니다. 그러다가 감정의 파도에서 헤어나서야 '마음은 그렇지 않은데……'라고 정신을 차립니다.

감정에 휩싸여서, 차가운 말투로, 귀찮아 죽겠다는 표정을 지으며, 간간이 한숨을 내쉬다가 신경질적인 목소리로, 짧고 빠르게, 건성건성 말을 내뱉고 나서, '이렇게 말했지만 그 안에 숨어 있는 내 진심을 알아주길' 바라는 것은 너무 큰 욕심입니다. 그래서 말은 껍데기처럼 보여도 그 알맹이인 마음만큼 중요합니다.

엄마가
하는 말들

감정줄 관계에서 엄마가 딸에게 하는 말들을 살펴보면 왜 존중 없는 관계라고 설명하는지 확연하게 알 수 있습니다.

"너는 애가 도대체 왜 그 모양이니? 말을 말자, 말을 말아!"

"네가 하는 일이 다 그렇지 뭐……."

이런 말들은 상대방을 무시하고, 깔보고, 함부로 판단하고, 모욕하는 폭력적인 말입니다. 웬만한 사람이라도 이런 말을 지속적으로 들으면 무기력해지고 자기 자신이 싫어지지 않을까요? 아주 어린 아이일 때부터 자녀들은 이런 말들, 혹은 이런 뉘앙스를 담고 있는 엄마의 태도에 지속적으로 노출됩니다.

"네가 아직 잘 몰라서 그래."

"그건 그렇게 하는 게 아니야."

감정줄 관계에서 엄마는 자녀들의 삶에 끊임없이 간섭합니다. 아이들의 고유한 삶을 존중하지 않기 때문입니다. 혹은 자신의 삶이 없기 때문에, 대신 아이들의 삶을 자신의 뜻대로 좌지우지할 수 있기를 바랍니다. 자신의 뜻대로 살기 위해서는 엄마와 충돌이 불가피한 상황에서 아이들은 답답해하고 무엇 하나 자기 뜻대로 할 수 없다는 좌절을 느낍니다.

"엄마의 꿈은 네가 잘되는 거란다."

"엄마는 너만 잘되면 돼."

이런 말은 응원이 아니라 자신의 삶이 없다는 고백입니다. 엄마 자신의 감성적인 결핍을 가장 잘 보여주는 말이기도 합니다. 참 고마운 말처럼 들릴 수도 있지만 무척이나 부담스러운 말입니다. 아이들이 고마운 마음을 갖기보다는 죄책감이나 부채 의식을 갖게 될 수 있습니다.

"엄마가 미안해……."
"휴우……."

엄마는 깊은 한숨으로 자신이 느끼는 무기력함을 표현합니다. 아이들은 부모의 삶을 보면서 희망을 찾아야 하지만, 이런 엄마의 어두운 감정에 휩쓸리기 쉽습니다.

"내가 너희 아빠 때문에 못 산다!"
"너는 도대체 누굴 닮아서 그 모양이니?"

감성적 결핍을 겪는 자신의 고통을 호소하기 위해서 엄마는 배우자와 시댁에 대한 험담을 자녀들에게 늘어놓습니다. 자신이 겪는 어려움을 털어놓는 것과 누군가를 탓하는 것은 전혀 다른데도 말입니다. 엄마와 정서적으로 가깝고 어린 자녀들은 부정적인 감정에 동화되기 쉽습니다.

"너는 여자애가 대체 왜 그 모양이니?"

의외로 많은 엄마들이 딸을 차별합니다. 그 이유는 대부분 자기가 딸로 태어나서 느낀 부정적인 감정 때문입니다.

'이 아이도 나처럼 힘들게, 하고 싶은 것 제대로 하지 못하고 살겠구나!'

자신의 존재를 있는 그대로 보고, 감정을 있는 그대로 느낄 수 있는 자아존중감을 가지고 있다면, 엄마는 이런 마음을 딸에게 전달할 수 있을지 모릅니다. 그러나 감성적 결핍을 겪는 엄마들은 자신의 느낌을 그대로 느끼고 그대로 전달하지 못합니다. 그저 딸을 볼 때 무언가 답답하고 부정적인 감정에 휩싸일 뿐입니다. 여성으로서 자신의 삶에 대한 무기력함과 답답함을 표출하다 보면 오히려 같은 여성인 딸을 차별하는 엄마가 되어 있습니다.

"밥은 먹었니?"

딸에게 반복하는 이런 시시콜콜한 물음은 엄마가 느끼는 외로움의 표현입니다. 엄마들이 '얘, 요즘은 왜 그런지 힘도 없고 외롭다는 생각이 자꾸 든다'라고 말하지 못하는 이유 역시 분명합니다. '밥 먹었니?', '차 조심해라'라는 말이 그저 잔소리가 아니라 자신의 아픔을 표현하는 것임을 딸이 알 수 있다면 얼마나 좋을까요?

많은 딸들이 자신의 엄마에게 이런 말들을 들으면서 자랐습니다. 그리고 이제는 엄마가 되어 내 아이들에게 이런 말들을 전하고 있습니다.

감정줄이란
무엇일까요?

저와 엄마의 관계를 돌아보면 제 마음은 항상 무언가에 가로막힌 듯 답답했던 기억이 납니다. 사랑하는 엄마가, 사랑받고 싶은 엄마가 바로 제 곁에 있음에도 불구하고 엄마를 더 직접적으로 느끼고 싶어 했습니다. 더 가까워지고 싶어 하면서도 저의 마음을 엄마에게 전달하지 못했고, 엄마는 제 마음을 읽어주지 못했습니다.

결국 삶의 많은 시간을 혼자만의 세계 속에서 살아왔고, 엄마에 대한 섭섭한 심정은 커서도 투정으로 이리저리 새어 나왔습니다. 어른이 되어서도 엄마와 다투고 싶을 때가 많았고, 엄마는 틀리고 내가 더 잘 안다고 생각할 때가 종종 있었습니다.

제가 아이를 낳고 엄마가 된 이후에도 엄마와 저의 관계는 바뀌지 않았습니다. 4,000킬로미터나 되는 먼 거리에 떨어져 살아도 엄마가 바로 곁에 있는 것처럼 느껴지다가도, 엄마를 찾아가서 함께 지내다 보면 곧 엄마 옆에서 빠져나오고 싶었습니다. 그것은 벗어나고 싶으나 벗어날 수 없는 목줄 같은 것이었습니다. 제 소망은 다른 사람들과 함께 어울려 웃고, 떠들고, 춤추고, 노래 부르며, 자유롭게 사는 것이었습니다. 그러나 저는 오랜 세월을 다른 사람들과 잘 어울리지 못하고 홀로 힘들게 길을 걸었습니다.

저에게 '감정줄'이란 보이지 않고 느낄 수 없는 통제와 제약이었습니다. 감정줄은 제 자신을 스스로 지나치게 의식하게 만들었는데 돌아보니 그것은 결국 감정줄에 걸려 있는 자의식이었습니다. 엄마에 대한 감정줄은 제게 크나큰 올가미였습니다.

부모님과 온전한 관계를 꿈꾸다

제가 캐나다와 미국에서 살게 된 것은 저의 성장에 큰 도움이 되었습니다. 일상에서 상식이 된 서양 민주주의의 틀은 위계질서의 틀 속에서 훈련된 저의 한국적 정서의 편협한 부분을 수시로 깨닫게 만들었습니다. 열린 마음을 가진 사람들에게서 느껴지는 마음의 따뜻함이 너무 좋았고 신비롭기까지 했습니다. 그들의 공통점은 전혀 꼬임이 없고, 합리적이고, 자기 의견을 고집하지 않고, 상식적인 기준을 가지고 있고, 남을 자기 밑에 놓으려 하지 않는 것이었습니다. 그들의 성숙한 인격은 제게 살아 있는 삶의 교과서가 되었고 제 평생 공부의 대상이 되었습니다.

'원숙한 사람들'이 저의 궁극적인 관심의 대상이 되기 이전에 '존재의 온전함'에 대한 중요한 체험을 한 적이 있습니다. 다섯 살 때 겪은 아주 특이한 체험이었습니다. 한국전쟁 중에 충청북도의 한 산속으로 피난 갔을 때의 일입니다. 총성을 들으면서 피난길을 걸어온 후, 밤하늘에 가득한 별들과 병풍같이 아늑함을 자아내는 산과 마음 놓고 뛰어놀 수 있는 들판, 아름다운 자연에 둘러싸여 몸과 마음이 녹아드는 기간을 보냈는데, 제 존재가 광활한 우주 속으로 녹아들어가 없어지면서 행복이 저를 그득히 채우는 느낌을 경험한 것입니다.

그때 맛본 강렬한 느낌은 제 몸의 모든 세포 속에 스며들었고, 그후 저는 항상 그 기억을 간직하고 있으며, 그 기억이 다른 모든 경험의 가치를 재는 기준이 되었습니다. 그리고 그런 체험을 재생하는 것이 저의 영원한 꿈이 되었습니다.

저는 중학교 시절부터 우주를 향한 자아 초월에 관심이 많았습니다. 홀로 생각에 잠기는 습관으로 상상력은 자유롭게 뻗어갔고, 그것은 제한된 환경이 주는 부자유함과 불만에 대한 저만의 대응책이었습니다. 자유에 대한 갈망 때문에 고등학교 시절에 동양철학에 빠지게 되었고, 노자와 장자의 세계를 동경하여 대학에서 동양철학과 서양철학을 전공하게 되었습니다. 지성을 통해 자유가 무엇인지를 맛보기 시작한 때였습니다.

저는 이런 자연과 지성에서 느끼는 온전함의 체험을 사람들과의 관계에서도 느끼고 싶었습니다. 특히 가까운 사람들, 그중에서도 부모님과의 관계에서 일치하는 느낌을 갖는 것이 저의 소망이었습니다.

굴레에서 자유로워지고 싶었던 엄마

캐나다 이민 시절, 부모님 사이에서 일어나고 있는 불협화음을 처음 목격했습니다. 아버지가 은퇴하시고 집에 있는 시간이 길어졌을 때였습니다. 그전까지 저는 부모님을 교육받은 성실한 분들이라고만 생각하고 존경하고 있었기 때문에, 두 분이 화목하지 못한 것은 큰 의문으로 다가왔습니다. 묵직한 집안 분위기는 저의 뇌리를 짓눌렀습니다. 부모님의 관계는 저희들을 아프게 했고 결국 언니는 집을 나가게 되었습니다. 저는 부모님 가까이에 있으면서 무엇이 문제인가를 탐색하기로 했습니다. 저는 아빠와의 관계는 좋은 편이었기 때문에 두 분의 관계가 좋지 않은 이유를 엄마에게서 찾기 시작했습니다.

뒤돌아보건대, 브라질 이후 두 번째 이민을 캐나다로 한 후 토론토에 자리를 잡은 부모님은 이민자 특유의 신앙에 가까운 강단으로 새로운 터전을 일구어가셨고, 5개년 계획을 세워서 그 기간 안에 자녀 넷을 대학에 보내셨습니다. 그럴 때 부모님은 최고의 협동심을 발휘하였고 그 속에서 저희들은 공부에 몰두할 수 있었습니다.

엄마는 주중에는 병원에서 일하셨고, 주말이면 여섯 식구를 위하여 카트를 끌고 전차를 타고 큰 시장에 가서 야채, 과일, 고기를 사서 나르셨습니다. 저도 엄마와 함께 시장에 다

넸기 때문에 큰 가정용 카트를 전차에 실을 때 얼마나 무거웠는지 기억하고 있습니다. 그 당시 엄마는 정말로 젖 먹던 힘을 다해 육체노동을 하셨고, 두 어깨가 신경통으로 망가지면서도 최선을 다하며 사셨습니다.

그렇게 열심히 살아오신 엄마가 한번은 설거지를 하던 중 아빠를 향해 감정이 폭발하셨습니다. 화산이 폭발하듯 대단한 기운이 터져나왔고 저는 처음 보는 엄마의 모습이었습니다.

'이게 무슨 일이지?'

그 사건은 제게 중요한 실마리를 제공했습니다.

'아, 엄마가 우리가 몰랐던 억압의 굴레 속에서 살아오셨구나!'

4·19의 어두운 시절에 한국을 떠나 자유로운 세상에서 이민 생활을 40년이나 한 엄마에게 지금까지도 존재하는 이 억압의 정체는 도대체 무엇일까요?

훗날 감성 치유를 하면서 엄마는 제게 엄마의 일기장을 보여주셨습니다. 거기에는 이렇게 적혀 있었습니다.

"나는 정말로 이 굴레에서 자유로워지고 싶다. 남편이 없을 때는 마음이 편하다가도 곁에 있기만 하면 괴롭다. 내가 통일 운동을 하면 무엇하겠는가. 이런 감정 하나도 해결하지 못하면서……."

일기장에만 털어놓을 수 있었던 깊은 고충을 엄마는 끝까지 마음에 담아두며 잘 참고 사셨습니다. 1984년 아빠가 집에서 심장마비로 쓰러지는 순간, 엄마는 재빨리 가서 아빠를 일으켜 안아주셨고 아빠는 "당신과 사는 것이 행복했다"는 말을 남기고 돌아가셨습니다.

서로를 옭아매는 틀에서 벗어나기

이민 생활 40년 가까이 꼬박 쓰신 엄마의 일기장에서 또 하나의 대목이 제 주의를 끌었습니다. 그건 바로 '여자가 해방되어야 남자가 해방된다'는 말이었습니다.

엄마는 평생 자신을 억압으로부터 해방시키고자 수행하며 살아오셨고, 38년을 토론토에서 사시다가 2006년에 제주도로 이사하셨습니다. 그 후에도 매일 아침저녁으로 남북의 영세중립 평화통일을 위하여, 그리고 자신의 각성을 위하여 기도하셨습니다. 엄마에 대해 알아갈수록 제게 분명해진 것은 큰 그림 안에서는 엄마 탓이라고 말할 수 있는 것은 하나도 없었다는 사실입니다.

아빠가 돌아가신 후 엄마는 혼자 사시면서 많이 자유로워지셨습니다. 그러나 저희 자녀들과의 관계에서 풀어야 할 것들이 남아 있었습니다.

엄마와 저는 둘 다 수행자의 길을 걷고 있었습니다. 그래서 서로 남아 있는 우리의 관계 문제를, 소소한 일로 파문이 일어나는 원인을 없애야 되는 필요를 느꼈습니다. 저는 무의식에 남아 있는 한국 여자의 마지막 고리를 함께 풀자고 엄마에게 제안했습니다. 그렇게 하기 위한 하나의 방안으로 저는 엄마에게 '감성 독립 선언장'을 써서 보냈습니다. 그게 1994년의 일입니다.

그 선언을 통해 저는 우리를 옭아매고 있는 틀에서 벗어나서 '존재' 대 '존재'의 관계로 들어가는 지름길을 택하자고 했습니다. 그리고 지금까지 사용해온 둘 사이의 언어를 바꾸자고 제안했습니다. 엄마라는 호칭을 버리고 존댓말을 쓰자고 제안했습니다. 엄마는 저의 제안에 응하셨고 '일선(一仙)'이라는 호를 만드셨습니다. 그때부터 저는 '엄마' 대신에 '일선 님'이라 부르고 우리 둘은 서로에게 존댓말을 쓰기 시작했습니다.

처음에는 어색했으나 10년이 지나면서 쉬워졌습니다. 우리 사이에 언어문화가 바뀌자 엄마의 잔소리와 저를 가르치려는 습관도 점차적으로 사라졌습니다. 서로를 존중하며 소통하는 시간이 늘어가는 만큼 서로에게 자유로워지고 마음 한편에서 올라오는 해방감과 더불어 둘 사이의 관계에서 오는 기쁨을 맛보게 되었습니다.

10여 년 동안 이뤄진 엄마와의 관계 개선 작업은 우리가 서로 마음의 통일을 도모하는 도반이 되게 해주었고 거기서 한발 더 나아가서 한반도 평화통일을 위한 동지가 되게 해주었습니다. 우리 사이에서 일상적으로 사소한 소통 문제로 힘을 낭비하게 하던 감정줄의 타래가 거두어지자, 감정줄이 생명줄로 완전 탈바꿈하여, 전 같으면 상상도 못했던 일들을 같이 해낼 수 있게 되었습니다. 무엇보다도 저는 엄마의 기도를 깊이 들을 수 있게 되었고, 엄마의 기도에 적극적으로 응답하기 시작했습니다. 저도 엄마처럼 남북의 영세중립 평화통일이 이루어지기를 기도하는 사람이 되었습니다.*

감성 치유는 '주체성'의 회복

감정줄은 감성에 상처 입은 엄마로부터 시작되어 자녀의 마음 안에 만들어지는 것입니다. 엄마의 따뜻한 보살핌을 받고 자란 아이는 자립적이고 풍부한 감성과 열린 가슴에 건강한 자의식을 가진 사람이 되지만, 감정줄에 얽혀서 속병을 앓는 엄마가 아이를 낳아 키우면 그 아이의 마음속에도 감정줄이 생겨납니다.

감성 치유는 궁극적으로 상처 입은 여성성의 건강을 회복하는 것을 목표로 합니다. 왜냐하면 감성은 근본적으로 여성성이기 때문입니다(여성성의 표현은 수용성, 직관성, 공감성, 따뜻함 등이고, 남성성의 표현은 경쟁성, 목표 지향성, 이성성, 수단성 등입니다).

---

* 남북 분단의 문제는 보통 정치적 문제로만 여기는 경향이 많은데, 사실 한국 가정의 문제도 깊이 들여다보면 국민들의 마음을 샅샅이 조각내놓은 '분단심'에 기인하는 것이라고 볼 수 있습니다. 한반도가 스위스 같은 중립국이 되어 주변 강대국들이 힘을 쓰는 상황에서 벗어날 수 있다면 얼마나 풍요로운 문화예술국이 될 수 있을까요?

감성 치유를 위해 한국 사회에 필요한 기본적인 인식은 아래와 같습니다.

- 한국 엄마들은 대부분 감성 상처에서 대대로 물려오는 감정줄을 가지고 있다.
- 엄마의 감성 상처는 감정줄로 변질되어 아이를 챙챙 동여매고 조인다.
- 감정줄에서 벗어나야 인성 교육이 뿌리내릴 수 있다.
- 감성 치유가 되면 엄마 자신과 아이가 각각 홀로 설 수 있다.
- 감성 치유는 한국 가정과 사회의 재생을 위하여 필수 불가결한 것이다.

감성 치유가 된 사람의 모습은 다음과 같습니다.

- 자녀의 말을 경청하고 의견을 존중한다.
- 타인에 비친 자기를 보면서 자아 발전을 끊임없이 도모하고 타인과 더불어 사는 삶을 충실히 이루어내고자 항상 노력한다.
- 가족과 사회공동체 구성인들과 힘을 모아 평화 공동체의 길을 창조해간다.

감성 치유가 되면, 지금까지 비어 있던 곳에 '나'가 주인으로 들어서고, 여태껏 방관하며 세상을 바라보았던 시각이 주체자의 시각으로 바뀌게 됩니다. 관점의 전환이 생기면서 자기 자신의 삶과 아직도 잠에서 깨지 않은 한국 사회의 감정줄 문제에 대해 생생한 의식이 생깁니다. 더불어 현실을 타파하려는 책임감과 의지력이 생깁니다. 엄마와의 관계가 치유되면 모든 사람들과의 관계를 개선할 수 있는 힘이 생기기 때문입니다. 감성 치유는 그만큼 모든 인간관계의 기본을 이룹니다. 상처 입은 감성이 치유가 되면 '주체성' 있는 사람이 됩니다.

엄마가 돌아가셨더라도 감성 치유는 가능합니다. 우리는 모두 가슴 깊은 곳에 엄마가 있기 때문입니다. 엄마에게서 받은 상처로 내 안에 '어린 나'가 모두를 소외시켰던 장면들을 떠올리며 화해할 수 있습니다. 따뜻하고 강인한 엄마의 존재가 내 안에 자리 잡고 있으면 바로 내가 따뜻하고 강인한 사람이 됩니다.

상처 없는 모성을 '생명모성'이라고 이름 붙이려 합니다. 생명모성은 생명을 품고 키우는 모성으로, 남녀 모두의 마음 안에 들어 있는 조물주의 창조성 그 자체라고 할 수 있습니다.

2부

감정줄 갈등이
폭발하는 사춘기

감성적 결핍을 겪는 엄마는 아이가 태어나자마자 감정줄 관계를 시작합니다. 이런 관계의 딸은 커가면서 소소한 문제들을 일으키다가 사춘기에 접어들면서부터 엄마가 다루기 힘든 문제들을 터뜨립니다. 사춘기에 접어든 딸에게 가장 중요한 관심사는 '나 자신의 삶'이고, '나 자신'을 존중받고 싶은 욕망이 그 어느 때보다도 큰 시기입니다. 더 이상 어린아이가 아닌 독립된 자아와 여전히 어른이 되지 못한 현실은 커다란 모순입니다. 사춘기에는 그 모순 속에서 낮은 자존감을 느낍니다. 한마디로 자신의 상태가 못마땅합니다. 이때 존중이 없는 감정줄 관계가 주는 고통은 이전과 비교할 수 없이 크게 느껴지기 시작합니다.

"우리 딸아이가 사춘기인가 봐요. 갑자기 이상해졌어요."

엄마가 이렇게 말한다면 딸아이가 더 이상 감정줄 관계의 고통을 견딜 수 없는 나이, 즉 사춘기가 되었음을 알 수 있습니다.

딸은 예전과 다르게 엄마의 말에 민감해집니다. 자신에 대한 무시, 참견과 잔소리 등 엄마가 늘 하는 말에 숨어 있던 감정줄에 예민하게 반응하기 시작합니다. 자신의 공간을 만들어 그 안에 숨으려고 하기도 합니다. 낮은 자존감의 특징인 허세와 공격성이 폭발적으로 드러나는 이 시기를 '중2병'이라고 부르기도 합니다. 감정의 기복이 크고 그 누구도 이해할 수 없어 보이는 모습이 도저히 정상으로는 보이지 않기 때문입니다. 당연히 이 시기에는 엄마와 딸 사이의 갈등이 폭발하게 됩니다.

사실 감정줄 엄마가 사춘기를 맞아 방황하는 딸에게 할 수 있는 것은 별로 없습니다. 사춘기를 맞은 딸은 모든 것이 불만입니다. 그도 그럴 것이 자기 자신이 못 견디도록 불만스럽고 자존감이 바닥에 떨어진 상태이니 말입니다. 엄마는 이런 상태에 있는 딸의 생각이나 행동을 존중해주기는 어렵습니다. 특히 어린 시절부터 존중감이 없는 감정줄 관계를 이어온 엄마에겐 더욱 그렇습니다.

중2병에 걸린 딸은 주변에 고통을 줍니다. 가족들은 딸의 눈치를 보느라 숨도 쉴 수 없고, 도대체 딸의 기분이 왜 엉망인지 도저히 알 수 없습니다. 그렇지만 사실 그 상황에서 가장 고통스러운 것은 딸 자신입니다. 자기 자신이 보잘것없고 무의미해 보이고, 그 누구도 자신을 있는 그대로 봐주지 않는다고 느낍니다. 딸에게 필요한 것은 '넌 잘할 수 있어'라는 격려이고 '넌 괜찮은 아이야'라는 응원입니다. 하지만 엄마의 눈에 딸은 '문제투성이'고 '집안의 걱정거리'이고 '싹수가 없어' 보일 뿐입니다.

감정줄에 매달린 채 사춘기를 맞이한 딸과 엄마는 점점 갈등의 대폭발을 겪게 됩니다. 한집에 살면서도 숨소리조차 조심스러울 정도입니다. 대화를 하려고 애써도 감정싸움으로 번질 뿐입니다. 다른 가족이 나서보아도 도움이 되지 않습니다. 유일한 해결책은 시간이 흐르는 것뿐인 듯 느껴집니다.

잔뜩 눌렸던 스프링이 튕겨 오르듯, 10년이 넘게 감정줄 관계에서 쌓인 갈등이 이 시기에 폭발을 거치고 나면 엄마와 딸의 감정줄은 새로운 질서를 찾습니다. 딸은 엄마와의 감정줄 관계에서 자신을 지키기 위해 자기만의 대응 방법을 선택하게 됩니다. 크게는 순종대응과 회피대응으로 나눠볼 수 있는 이런 대응 방법은 대체로 딸이 사춘기를 거치면서 어느 정도 자리를 잡습니다.

자아존중감을 포기하는
순종대응

서울대 법대를 졸업하고 사법고시 공부를 하고 있는 20대가 심리상

담소를 찾았을 때 한눈에 보아도 불안함이 역력해 보였습니다.

"책을 펴고 앉으면 온몸이 벼랑 끝에 서 있는 듯한 느낌이 들어요.

너무 고통스러워서 그만두고 싶어요."

이렇게 말하면서도 그는 온몸을 벌벌 떨었습니다.

상담사가 "이런 상황인데 왜 고시 공부를 계속하느냐"고 물었습니다.

그는 "부모님이 바라세요. 고시 안 하면 절 사람 취급도 안 할 거에

요"라고 말했습니다.

신문 기사에 등장한 이 사례는 극단적인 순종대응을 선택한 자

녀의 모습을 잘 보여줍니다. 뒤이어 기사에 나오는 대학생들의 엄

마는 모두 극단적인 헬리콥터 맘(helicopter mom)*입니다. 자녀의 일

거수일투족을 챙기고, 자녀의 학점이 부당하다고 생각되면 담당 교

수에게 전화를 걸어 항의를 하기도 합니다. 심지어 자녀가 아프면

대신 강의에 나가 대리 출석을 하는 사례도 있다고 합니다.

순종대응은 감정줄 관계에서 엄마와의 갈등을 피하기 위해 순순

---

* 자녀 주위를 맴돌며 자녀의 일이라면 무엇이든지 발 벗고 나서서 자녀를 과잉보호하는
엄마들을 지칭하는 미디어 용어입니다. 1969년 미국에서 출간된 하임 G. 기너트 박사의
《부모와 십대 사이》에서 한 청소년은 자신에게 늘 간섭하는 엄마에 대해 '엄마는 늘 내 주
변을 헬리콥터처럼 맴돌아요.'라고 말합니다. 이때부터 영어권에서 사용하기 시작한 '헬
리콥터 맘'은 한국 사회에서 말하는 치맛바람, 극성 엄마, 독친(毒親) 등과 통하는 개념입
니다.

히 엄마의 뜻에 따르는 대응 방식입니다. 물론 엄마의 뜻과 자신의 뜻이 완전히 같을 수 없기 때문에 어느 정도 자기 삶의 영역을 포기할 수밖에 없습니다. 포기에 따르는 아픔도 크지만 갈등의 고통보다 낫다고 생각하는 경우, 딸은 순종대응을 선택하게 됩니다. 그 경우 겉으로 보기에는 엄마의 뜻을 거스르지 않는 착한 딸로 보일 수도 있습니다. 그러나 마음속으로는 오히려 엄마에 대한 커다란 불만과 반항심을 가지고 있는 경우가 많습니다.

더 큰 고통을 피하기 위해서 순종대응을 선택한 딸은 앞서 신문 기사에 등장한 학생처럼 주눅 들어 있습니다. 당장의 갈등은 피할 수 있지만 자신을 포기한 고통은 피할 수 없어 심한 경우에는 우울증에 시달리기도 합니다. 엄마와의 갈등 상황을 피한다는 점에서 순종대응이 평화로운 대응으로 보이기도 하지만, 그 평화는 오랫동안 유지되기 어렵습니다.

패배감과 열등감에 고통받다가 어느 순간 갑작스럽게 엄마와의 관계를 끊기도 하고, 결정적인 순간에 엄마에 대한 원망을 꺼내기도 합니다. 오랜 시간 참아온 만큼 순종대응을 해온 딸이 터뜨리는 엄마에 대한 원망은 폭발적이고 위험한 경우도 있습니다. 평소 엄마에게 순종하는 모습을 보이던 딸이 술에 취한 상태에서 엄마에게 폭언을 하기도 합니다. 무의식이 지배하는 상태에서 드러나는 이런 감정을 보면 애써 순종대응을 유지하면서 쌓인 답답함이 어느 정도

일지 상상할 수 있습니다.

순종대응에 익숙해진 딸은 잦은 한숨, 스스로 결정하지 못하는 성향, 자신감 부재, 무기력함 등 다양한 마음의 문제를 겪게 됩니다. 또 엄마와의 관계에서 익숙해진 순종대응이 사회생활에서도 나타나 의존적인 사람이 되기 쉽습니다. 타인의 간섭에도 적극적으로 대처하지 못하고 휩쓸리곤 합니다.

순종대응은 엄마와의 관계에서 친밀함을 지키기 위해 자신에 대한 존중감을 포기한 것으로 볼 수 있습니다. 그렇다고 순종대응을 보이는 딸이 엄마를 존중하는 것도 아닙니다. 오히려 마음속 깊은 곳에는 엄마에게 깊은 원망을 가지고 있지만 엄마의 기세에 눌려 순종하는 것에 익숙해져 있을 뿐입니다.

죄책감을 남기는
회피대응

딸이 선택하는 또 다른 대응 방식은 회피대응입니다. 엄마와 대화를 피해 방문을 걸어 잠근 사춘기의 딸을 떠올려보면 회피라는 대응 방식을 쉽게 이해할 수 있을 것입니다. 회피대응을 선택한 자녀는 감정줄 갈등에 지쳐 엄마와 관계를 피하려 합니다. 엄마의 간섭을 무시하고 애써 자신만의 삶을 내세우기도 합니다. 특히 성인이 되어 경제적인 독립을 하면 본격적으로 부모와의 관계를 줄이려고 애씁니다. 자신의 방을 얻어 독립하거나 일부러 다른 지역으로 직장을 옮기기도 하고, 극단적인 경우에는 서둘러 결혼을 하거나 아예 외국으로 이민을 가는 경우도 있습니다.

자녀가 자신의 힘으로 독립하는 것은 당연한 일이고 오히려 권장할 일입니다. 자신의 꿈을 찾아 더 넓은 세상으로 나아가는 일도 축하할 일임이 분명합니다. 하지만 엄마로부터의 회피는 부모의 의존으로부터 독립하여 더 넓은 세상으로 나아가는 것과 본질적인 차이가 있습니다. 독립하는 자녀의 등 뒤에는 자신을 따뜻한 눈으로 바라봐주고 언제든 후원해줄 수 있는 부모가 있습니다. 그러나 관계를 회피하고 떠나는 자녀에게는 깊은 죄책감이 남습니다. 이 죄책감은 순종대응을 보이는 딸들의 패배감만큼이나 우울합니다.

엄마와의 관계를 회피하면 당장의 감정줄 갈등은 눈앞에서 사라집니다. 이전에 느끼지 못한 자유로움을 느끼기도 합니다. 그 대신 딸의 마음속에는 인간관계에 대한 깊은 상처와 회의가 남습니다. 순종대응에 익숙해진 사람이 자기 삶의 영역을 침입당해도 둔감하다면, 회피대응에 익숙해진 사람은 자신의 삶에 다가오는 것들에 지나치게 민감합니다. 가까운 사람에게도 쉽게 마음의 문을 열지 못하고 자신의 세계에 갇혀 살아가기 쉽습니다. 연애를 피하거나 결혼을 포기하기도 합니다. 엄마와의 관계를 회피했던 것처럼 자녀를 갖는 것을 두려워하기도 합니다.

전반적인 인간관계에서 이렇듯 위축된 태도를 보이다가도 간혹 과도하게 집착하는 모습을 보일 때도 있습니다. 엄마와의 관계가 단절되면서 애착 관계가 결핍되면 다른 인간관계에서 그것을 보상 받고 싶어 합니다. 흔히 연인 관계 혹은 자녀에게 지나치게 밀착하는 방식으로 감정줄 관계를 되풀이합니다.

회피대응은 존중받을 수 없는 엄마와의 친밀함을 포기하는 것으로 이해할 수 있습니다. 갈등은 힘겹고 자신을 포기할 수도 없기에 엄마와의 관계를 포기했지만 애착 관계를 완전히 포기하지는 못합니다. 마음속 깊이 외로움을 간직하고 있으며 오히려 따뜻한 관계에 대한 커다란 갈망을 가지기도 합니다.

감정줄이
서로 얽히는 결혼

힘겨운 사춘기를 지나면서 딸은 본격적으로 자기 삶의 영역을 만들기 시작합니다. 딸에게 자기 영역이 생기면서 엄마와의 관계에서도 거리가 조금 생깁니다. 감정줄에 대한 자기만의 대응 방식이 생기면서 엄마와 폭발적인 갈등은 수면 아래로 숨어버립니다. 그러나 엄마와 딸 사이 감정줄은 사라지지 않았습니다.

딸이 대학을 다니거나 사회생활을 하면서 부모로부터 떨어져 사는 경우도 생깁니다. 여전히 서로에 대한 존중은 부족하지만, 이렇게 관계의 거리가 생기면 감정줄의 고통은 조금 덜합니다. 사춘기 때처럼 하루하루 조마조마한 상황은 아니지만 진학, 취직, 연애, 결혼 등 인생의 중요한 고비마다 감정줄 갈등은 다시 수면 위로 올라옵니다.

딸은 순종하거나 회피하거나 그 사이 어딘가의 대응 방법을 익숙하게 활용하면서 엄마와 심각한 갈등을 피합니다.

28세의 은주 씨는 다니던 직장을 그만두고 취업을 준비 중인 자칭 '경력직 재취업 준비생' 백수입니다. 은주 씨는 직장에 다닐 때 가족으로부터 독립해 원룸을 얻었고 지금도 혼자 생활하고 있습니다. 가끔 집으로 찾아가 가족들을 만나고 돌아올 때도 있지만 지금 은주 씨에게는 자신의 방이 곧 집이요, 자기만의 세계입니다.

은주 씨의 방은 요즘 은주 씨의 마음마냥 심란합니다. 바닥에는 뜯어놓은 택배 상자들과 벗어놓은 옷이 어지럽게 놓여 있고, 옷장 사이로 삐져나온 옷들이 볼썽사납습니다. 정리되지 않은 냉장고에는 뭔가가 가득 차 있지만 신기하게도 막상 냉장고 문을 열어보면 먹을 게 없습니다. 싱크대는 설거지하지 않은 그릇으로 넘쳐나고, 욕실에는 곰팡이가 피기 시작했습니다.

어느 날 갑자기 은주 씨를 찾아온 엄마는 그녀의 방을 보자마자 소리부터 지릅니다.

"역시, 더럽구나. 청소 좀 하랬잖아. 사는 꼴이 이게 뭐야!"

은주 씨가 말릴 새도 없이 엄마는 당장 앞치마를 두르고 청소를 시작합니다.

"넌 내일 모레면 결혼할 애가……. 내가 정말 여기만 오면 혈압이 올라!"

"괜히 와가지고 왜 혼자 난리야."

"이년이 엄마한테 못하는 말이 없어. 비켜! 방에 있는 거 다 버릴 거야!"

엄마는 청소하는 내내 '낼 모레면 시집갈 애'를 들먹이며 은주 씨를 쏘아붙이고 '쓸모없어 보이는' 은주 씨의 잡동사니들을 타박합니다. 시집도 가지 않고 잘 다니던 회사도 때려치운 딸을 나무라는 엄마에게 은주 씨도 평소에 쌓여 있던 불만들을 터뜨리며 말싸움을 벌입니다. 그러는 동안 신기하게도 돼지우리 같던 은주 씨의 방은 말끔하게 정리되어갑니다.

'엄마도 서운하겠다. 누구보다 내가 잘되길 바라고 응원했던 엄마인데…….'

불쑥 자신의 방에 찾아온 엄마에게 단단히 화가 났던 은주 씨는 엄마가 차려준 밥상에 앉는 순간 마음이 따뜻해짐을 느낍니다.

노란구미 작가의 웹툰 〈은주의 방〉에 등장하는 짧은 에피소드입니다. 친구처럼 스스럼없이 말하고 싸우는 엄마와 딸, 딸의 공간에 함부로 쳐들어오는 엄마, 자신의 속상한 감정을 딸에게 쏟아내는 말들, 감정에 휩싸이고 마는 딸, 딸이 엄마에게 내뱉는 존중 없는 말들, 그리고 모든 것들을 눈처럼 녹여주는 따뜻한 밥상까지…….

이 짧은 이야기는 엄마와 딸 사이에서 등장하는 감정줄 갈등을 압축적으로 묘사하고 있습니다. 사소한 충돌과 화해를 거듭하면서도 폭발하지 않던 감정줄 갈등은 결혼이라는 중요한 순간에 다시 한 번 자신의 정체를 드러냅니다.

결혼은
엄마의 고생에 대한 보상?

혼주(婚主)라는 말이 있습니다. 혼사를 주재하는 사람, 즉 결혼이라는 행사의 주인을 의미하는 혼주는 신랑도 신부도 아닌 신랑, 신부의 부모님입니다. 오랫동안 결혼식의 주인공은 신랑, 신부가 아니라 그들의 부모님이었습니다. 신랑과 신부의 미래보다 양가 집안의 미래가 걸린 중요한 행사가 바로 결혼식이었습니다.

"내가 저 따위 녀석한테 너를 보내려고 이렇게 널 키운 줄 아니?"

엄마의 이 말 한마디는 '존중 없는 친밀한 관계'라는 감정줄 관계의 본질을 명확하게 보여줍니다. 딸의 인생에 가장 중요한 결혼이 엄마에게는 자신의 일입니다. 그리고 딸의 배우자를 서슴지 않고 모욕할 정도로 존중감이 없습니다. 그동안 딸과 거리가 생기면서 참아온 참견과 간섭이 결혼이라는 '인륜지대사(人倫之大事)'를 계기로 폭발합니다. 딸이 시집을 잘 가는 것은 더 이상 딸의 행복 문제가 아닙니다. 그동안 딸을 낳아 키우느라 자신이 한 고생에 대한 보상이 되어야 한다고 엄마는 생각합니다.

어렵게 결혼이 결정되어도 혼수, 예물, 예단, 신혼집, 결혼식장과 신혼여행 비용 등 넘어야 할 것들이 산 넘어 산입니다. 이제부터는 사소한 결정 하나를 위해서도 두 집안의 취향과 이해관계, 자존심 사이에서 줄타기를 해야 합니다. 두 집안의 서로 다른 두 가지 감정줄이 뒤엉켜 복잡한 감정 문제를 만들기 시작합니다.

흔히 결혼은 연애와 다르고 동거와도 다르다고 합니다. 남녀가 살림을 합치고 한집에 살면 두 사람 사이에 감정줄이 생기기 쉽습니다. 그런데 결혼을 하면 두 사람 사이의 감정줄에 더해 각자 부모님과 맺어온 감정줄 갈등이 더욱 복잡하게 얽힙니다.

겹겹이 얽히게 되는
감정줄

한국 사회에 고부 갈등이 심각한 가장 큰 이유는 이처럼 겹겹이 얽힌 감정줄 때문입니다. 한국 사회의 특성상 며느리는 시댁과 가까운 관계를 맺도록 요구받습니다. 문제는 남편과 시어머니 역시 감정줄 관계를 정리하지 못한 경우가 많다는 점입니다. 자신도 친정엄마와의 감정줄을 정리하지 못한 채 아내는 또 다른 감정줄 관계를 시작해야 합니다. 아들에 대한 존중이 없는 시어머니에게 며느리 역시 존중의 대상이 아닙니다. 이제 막 만난 사이인데도, 시어머니는 며느리를 자신의 아들처럼 '친밀하고 존중 없이' 대합니다.

간혹 아들은 애지중지 떠받들고 어려워하면서도 며느리에게는 함부로 대하는 시어머니도 있습니다. 며느리는 '시어머니가 자신의 아들만 존중하고 며느리인 나는 무시한다'고 느끼기도 합니다. 아들을 어려워하고 떠받드는 것은 일종의 집착이지 결코 한 사람으로서 존중하는 게 아닙니다. 아들을 존중하지 않고 떠받들면서 속으로 쌓아온 자기 감정을 며느리에게 풀어버리는 셈입니다. 어떤 식이든 문제는 여전히 풀리지 않은 남편과 시부모님 사이의 감정줄입니다. 각자 자기 부모와 만들어온 감정줄에 매달려 있는 이상 고부 갈등은 영원히 풀지 못할 숙제로 남습니다.

서로 다른 두 감정줄이 얽히면서 부부 관계 역시 골이 깊어집니다. 부부 사이에 교감이 어렵고 존중감이 없으면 아내는 지독한 감성적 결핍을 경험합니다. 이제 감정줄은 다음 세대로 연결될 준비를 모두 마쳤습니다.

엄마라는 이름의
거울

'애증'이라는 우리말에 가장 잘 어울리는 감정은 바로 친정엄마를 바라보는 딸의 마음이 아닐까요? 그만큼 친정엄마를 바라보는 딸의 마음은 매우 복잡합니다. 딸은 늙고 초라해진 친정엄마의 모습에서 자신의 미래를 봅니다. 사실 많은 부분에서 딸이 친정엄마에게서 보는 것은 미래가 아니라 자신의 현실입니다.

어려서부터 딸은 엄마의 손에 자라면서 다양한 문화적인 영향을 받았습니다. 딸이나 아들이나 다를 게 없는 환경에서도 같은 여성으로서 딸은 엄마와 더 많은 경험을 공유합니다. 한 세대의 차이가 있지만, 남성중심사회의 차별을 겪은 것은 중요한 공통점입니다. 소꿉놀이에서 엄마의 역할을 맡거나 엄마의 화장품을 몰래 써보는 일은 아들에게는 좀처럼 일어나지 않습니다. 딸에게 엄마는 가장 자연스럽고 강력한 롤모델입니다.

　감정줄 관계에 놓인 딸은 친정엄마와 더 많은 공통점을 가지고 있습니다. 딸은 엄마와 감정줄 관계에서 고통을 받았습니다. 마치 친정엄마가 자신의 친정엄마와 그러했듯이. 딸은 배우자와 감성적인 교감에도 실패했습니다. 마치 친정엄마가 친정아빠와 그러했듯이. 딸은 감성적인 결핍을 느낍니다. 마치 친정엄마가 고통받았듯이. 딸은 친정엄마가 지금껏 하듯이 다음 세대의 자녀들과 감정줄 관계를 이어갑니다.

'나의 못다 이룬 꿈을
네가 이뤄야 하는 것'

　어린 시절 딸은 감정줄 맨 끝에 서서 엄마를 바라봤습니다. 이제 딸은, 마치 엄마가 그러하듯이, 저 멀리에서 뻗어온 감정줄이 자신을 거쳐 아래 세대에게 연결된 것을 봅니다. 친정엄마의 쓸쓸한 모습이 가슴을 저미는 것은 단지 나이를 먹어서만이 아닙니다. 늙고 지친 친정엄마의 모습은 다름 아닌 자신의 지금 모습 그대로입니다.

　"엄마도 좀 꾸미고 그래요. 그렇게 궁상떨지 마시고요, 좀!"

　딸은 사실 자기 자신의 초라한 모습이 떠올라 화가 납니다.

　"언제까지 아빠랑 그렇게 사실 거예요?"

이렇게 말하면서 딸은 자신과 배우자 사이의 불화를 아파합니다.

"자녀들 걱정 좀 그만하시고 엄마를 좀 챙기세요!"

많은 경우, 딸이 이렇게 외쳐야 할 사람은 바로 자기 자신이기도 합니다.

자신의 아이들이 자라면서 딸은 친정엄마를 이해할 수 있게 됐다고 말합니다. 친정엄마가 마치 거울 속의 자기 모습처럼 느껴지기도 합니다. 그러나 이런 동일시는 상대방의 감정에 공감하는 것과 크게 다릅니다. 마치 '엄마의 꿈은 네가 잘되는 거야!'라는 말 속에 아이의 꿈이 보이지 않는 것과 마찬가지입니다. '두 개의 꿈이 하나로 모인 것'과 '나의 못다 이룬 꿈을 네가 이뤄야 하는 것'은 전혀 다른 이야기입니다.

존중감 없는
감정의 줄다리기

공감의 전제는 상대방을 독립된 개체로 존중하는 것입니다. 그리고 상대방의 감정을 있는 그대로 받아들이는 상태가 바로 공감입니다. 상대방을 자신과 동일시하는 것은 대체로 자신보다 약자인 상대방에게 자신의 감정을 투사하는 것입니다. 여전히 중요한 것은 상대방의 감정이 아니라 자신의 감정입니다.

딸이 자라서 사춘기를 보내고, 결혼을 해서 자기 자신이 엄마의 자리에 서도, 여전히 친정엄마와는 감정줄의 줄다리기를 이어갑니다. 여전히 자신의 감정에 휩쓸리고 친정엄마와의 사이에서도 자녀들과의 사이에서도 존중감이 없습니다. 그러면서도 친정엄마의 모습을 떠올리면 아런하게 가슴이 아픕니다. 마음에도 없는 감정적인 말을 내뱉고는 정신을 차리고 나서야 가슴 아파하고 후회합니다. 이것이 중년이 된 딸이 거울 속의 자신과도 같은 친정엄마에게 느끼는 애증의 모습입니다.

때로는 한없이 고맙고 안쓰러운 눈물로, 때로는 견딜 수 없이 무거운 답답함으로 번갈아서 찾아오는 애증은 말 그대로 감정의 파도입니다. 그 파도에 휩쓸리면 짜증을 내고, 돌아서서 회환의 눈물을 흘리는 감정 소비를 반복하면서 지치고 아플 수밖에 없습니다. 그리고 이런 고통은 감정줄 관계의 반대편에 있는 친정엄마도 마찬가지입니다.

공감하고
위로할 수 있는 관계

친정엄마는 예전에 자신이 있던 자리에 서 있는 딸을 바라봅니다. 시대는 정신없이 바뀌었고 그 양상도 달라졌습니다. 그래도 감정줄이라는 관계의 본질은 여전하기에, 딸은 오래전 자신과 다름없이 고통을 받고 있습니다. 상대방을 자신과 동일시할 정도로 친밀하지만, 상대방에 대한 존중이 없는 관계는 자신과 딸을 넘어서 손주들에게까지 이어져 있습니다. 그리고 친정엄마는 점점 늙고 약해져갑니다.

존중을 배우는 가장 좋은 방법은 제대로 존중받는 것입니다. 생각해보면 친정엄마만큼 존중받지 못하고 살아온 이가 또 있을까 싶습니다. 그들은 어린 시절에 식민 통치와 해방 정국을 겪었고, 한국 전쟁에서 살아남았습니다. 난리 속에서 그 어떤 생명이든 제대로 존중받기란 쉽지 않았습니다. 이후 급속한 산업화 과정을 겪었고, 권위주의 사회에 이은 민주화 운동과 정보화의 물결이 엄청 빠른 속도로 밀려왔습니다. 그 모든 변화는 정신을 차리기 힘들 정도로 빨랐습니다.

제대로
존중받지 못한 아픔

여성으로서 겪은 세월 또한 만만치 않았습니다. 친정엄마는 아주 기본적인 인권의 개념도 없던 시절에 이 땅에 태어났습니다. 가장 오랜 민주주의 역사를 가지고 있다는 영국에서도 여성에게 남성과 같은 참정권이 주어진 것은 1928년이었습니다. 1948년 제정된 대한민국 헌법에서 여성에게 참정권을 주었다고 해도 서둘러 형식으로 받아들인 것에 불과했습니다. 공부를 하고 싶어도 할 수 없고, 자신의 뜻대로 배우자를 선택할 수도 없고, 모진 시집살이를 견뎌도 아들을 낳지 못했다는 이유로 구박을 받고, 남편이 바람을 피우고 자신을 때려도 눈물로 참아야 하던 시절을, 친정엄마는 살아냈습니다.

대한민국 친정엄마들의 살아온 이야기를 들어보면 어느 누구 하나 기구하지 않은 이가 없고 그들의 삶은 깊은 한으로 남아 있습니다. 그리고 그 한스러움의 중심에는 한 번도 그 누구에게도 제대로 존중을 받아보지 못한 아픔이 있습니다.

시대적 상황이 많이 바뀌었다고 해도 딸은 친정엄마와 크게 다르지 않은 경험을 했습니다. 존중이 드문 사회에서 여성으로 살아오면서 딸 역시 제대로 존중받지 못한 상처를 가지고 있습니다. 그럼에도 불구하고 여전히 감정줄에 매달린 딸은 친정엄마를 제대로 존중하지 못합니다. 싸우면서 닮아간다는 말처럼, 존중감이 없는 감정줄 관계에서 자란 딸도 친정엄마에 대한 존중이 없습니다. 차이가 있다면 친정엄마는 늙어가고 딸은 성장하면서, 감정줄 관계에서 점차 딸이 주도권을 쥔다는 점입니다.

딸은 이제 엄마의 삶에 간섭하고 자신의 감정에 휩쓸려 심한 말을 하기도 합니다. 친정엄마를 보며 한숨을 내쉬고 답답해하기도 합니다. 친정엄마가 딸을 자신과 동일시했던 것처럼 이제 딸은 친정엄마를 자신과 동일시합니다. "엄마는 왜 그렇게 살아요?"는 어린 시절 친정엄마에게 들었던 "너는 왜 그 모양이니?"라는 말과 정확한 대구를 이룹니다.

딸을 바라보는 친정엄마 또한 마음이 복잡합니다. 친정엄마 역시 자신의 엄마를 떠올릴 수밖에 없습니다. 오랜 시간 망가진 배우자와의 관계는 노년에도 회복되기 어렵습니다. 평생 그래왔던 것처럼 아무도 자신의 마음을 헤아려주지도 존중해주지도 않는다고 생각합니다. 그리고 딸에게 깊은 애증을 느낍니다.

친정엄마와
감정줄 정리하기

세월이 흘러도 친정엄마에게 딸은 존중의 대상이 아닙니다. 여전히 딸은 모자라고 걱정스럽게만 보입니다. 그 모든 것이 자신이 부족한 탓이라고 느껴질 때면 미안한 마음이 가득합니다. 반대로 자신을 존중해주지 않는 딸이 한없이 원망스럽기도 합니다. 자신에게 섭섭하게 대할 때면 '내 엄마도 이러셨겠구나!' 싶어 또 스스로를 원망합니다.

딸에 대한 친정엄마의 원망 속에는 부러움도 섞여 있습니다. 딸이 누리고 있는 현재 상황이 자신으로서는 꿈도 꿀 수 없던 것들이기 때문입니다. 이런 부러움은 마치 어떤 어르신이 젊은이에게 "너희는 보릿고개를 겪어보지 않아서 좋겠다", "너희는 전쟁을 겪지 않아서 몰라"라고 말하거나 어떤 아저씨가 요즘 대학생에게 "학교에 군인이 들어오지도 않고, 목숨 걸고 민주화운동을 하지 않아도 되니 얼마나 좋냐?"고 말하는 것과 비슷합니다.

모든 세대에게는 그 나름의 어려움이 있습니다. 자신의 감정에 빠지지 않고, 상대방과 자신에 대한 존중감을 잃지 않는다면 생기지 않을 부러움입니다.

　노년의 삶을 겪어보지 않은 사람들은 그 어려움을 함부로 말하기 어렵습니다. 자신이 소중하게 여기던 것들이 사라져가는 것을 지켜봐야 합니다. 몸도 경제적인 능력도 무엇 하나 예전 같지 않습니다. 감정줄 관계에서는 여전히 갖지 못한 자존감 때문에 더 큰 어려움을 겪습니다.

　서로 공감하고 위로할 수 있는 관계가 있다면 얼마나 좋을까요? 친정엄마에게 따뜻한 위안이 되는 딸이 될 수 있다면 얼마나 행복할까요? 친정엄마가 긴 인생에서 처음으로 사랑하는 딸에게서 존중받았다고 느낀다면 얼마나 큰 기쁨일까요? 친정엄마와의 관계에서 감정줄을 정리하는 것은 서로에게 가장 의미 있는 선물이 될 수 있습니다.

인생의 문제들을
풀기 위한 질문

살아가면서 몸과 마음의 상처를 입는 일을 피할 수는 없습니다. 몸에 생긴 상처는 흉터를 남깁니다. 몸에 남아 있는 흉터를 보면 '내가 그때 이래서 상처가 생겼지'라고 기억을 더듬어볼 수 있지만, 더 이상 아프지는 않습니다. 여전히 아프다면 그것은 흉터가 아니라 상처입니다. 마음에도 흉터가 남을 수 있습니다. 그렇지만 아직 아픈 상처는 여전히 내 삶에 영향을 줍니다.

그중에서도 중요한 상처는 기억조차 남지 않은 어린 시절에 생긴 것들인 경우가 많습니다. 몸의 상처는 치료가 필요하지만, 마음의 상처는 스스로가 따뜻하게 바라보는 것으로 아물 수 있습니다. 어린 시절에 생긴 상처들은 의식과 무의식 사이에 숨어 있다가 결정적인 순간에 갑자기 튀어나와 문제를 일으키는데, 그 정체를 알

알아차리기는 아주 힘듭니다.

대부분의 경우 어린 시절 마음의 상처는 부모와의 관계에서 생겨납니다. 상담을 요청한 김민지 씨는 실수에 유독 엄격한 사람이었습니다. 우선 자기 자신의 실수에 민감합니다. 어려운 자리에서 실수를 하면 지나치게 당황하고, 어떨 때는 자신의 실수에 화가 치밀어 오르기도 합니다. 물컵을 엎질렀다면 잘 치우고 주변 사람들에게 양해를 구하면 될 일인데, 스스로 기분이 나빠져 분위기까지 어색해집니다. 당연히 다른 사람의 실수에도 민감해서, 남의 실수를 지적하거나 언짢아하는 일도 많습니다. 실수에 대한 엄격함이 실수를 막아주기보다는, 긴장 때문에 더 많이 실수를 합니다.

자신의 상처를
있는 그대로 바라보기

민지 씨는 상담 과정에서 겨우 어린 시절의 기억을 떠올리고는 하염없이 눈물을 흘렸습니다. 하고 싶은 말도 차마 입에서 꺼내지 못한 채 주눅 들어 있는 자신의 어린 시절로 되돌아간 것처럼 말입니다. 어린 시절에 그녀가 장난감을 망가뜨리거나 물을 쏟으면 엄마는 버럭 소리를 질렀습니다. 엄마가 소리를 지를 때 그녀는 마음속으로 이렇게 말했습니다.

'일부러 그런 게 아니에요. 그냥 실수로 그런 거예요.'

그렇지만 무서운 얼굴로 소리를 지르는 엄마에게 그런 대답을 꺼내지 못하고 가슴속으로 삭혀야 했습니다.

어린 시절의 상처를 그대로 가지고 있는 민지 씨는 작은 실수를 저질러도 답답하고 억울한 부정적인 감정을 느꼈습니다. 편하게 "제가 실수했네요"라고 말하지도 못했습니다. 인간관계 속에서 실수를 했을 때는 그런 부정적인 감정에 휩싸여 갈등을 더 크게 만들기도 했습니다. 자신의 상처 때문에, 그녀는 실수를 할 때마다 '억울하지만 제대로 말하지 못하는' 어린아이로 돌아가야 했습니다.

"그때는 아이라서 몰랐어요. 지금 생각해보면 엄마는 지금 제 나이 정도였어요. 큰맘 먹고 비싼 장난감을 사왔는데, 언니랑 같이 가지고 놀아도 고장은 항상 제가 냈죠. 엄마도 저랑 비슷해요. 물컵을 쏟거나 그릇을 깨는 일이 많아요. 아마 당신이랑 닮아서 성급하고 실수하는 제가 답답해서 더 그러셨을 거예요. 좋은 일은 아니지만 젊은 엄마가 충분히 그럴 수 있는 일이었어요."

민지 씨는 20년이 넘게 묵은 자신의 상처를 있는 그대로 바라본 것만으로 홀가분한 마음을 느꼈습니다. 실수하는 자신과 다른 사람들, 그리고 자신에게 고함을 질렀던 엄마를 용서할 수 있었습니다. 엄마는 여전히 물을 쏟으면 닦고 치우기 전에 표정부터 굳어집니다. 그녀는 이제 그런 엄마를 보면 어깨를 토닥거리며 말합니다.

"별일 아니에요. 엄마. 제가 같이 치워드릴게요."

억울하다는 생각에
폭주하는 감정

많은 딸들은 여전히 이런 어린 시절의 상처로 고통받습니다. 어떤 딸은 어린 시절 아버지가 귀한 바나나를 사오시던 날을 기억합니다. 자녀가 2남 2녀인데 아버지는 꼭 바나나를 두 개 사오셨습니다. 남동생들이 하나씩 잡고 바나나를 먹으면 언니와 자신은 동생들을 졸라서 얻어먹어야 했습니다.

어떤 딸은 엄마가 벌을 세운 기억이 가장 고통스러웠다고 말합니다. 무언가 잘못하면 엄마는 자신을 벽과 커튼 사이에 들어가 서 있게 했습니다. 지금 생각하면 아무것도 아니지만 그때는 어둠 속에 서 있는 시간이 너무나도 길고 답답하고 무서웠습니다.

또 어떤 딸은 자신의 성적이 떨어졌을 때 엄마가 화를 내던 광경이 너무나도 생생합니다. 친구들과 노는 것에 빠져 어쩌다 한번 성적이 떨어진 것뿐인데, 집이 떠나갈 듯 소리를 지르는 엄마의 이야기 속에서 그녀는 '그러다가 나쁜 친구들이랑 어울리고'를 지나서 '담배를 피고 임신을 하는' 불량 학생까지 되어 있었습니다.

부릅뜬 눈으로 고함치는 상황에 대한 두려움, 수치심, 잘못에 비해 너무 큰 대가를 치르고 있다는 억울함, 스스로가 나쁜 사람이라는 죄책감, 어떤 말과 행동으로도 지금 상황을 해결할 수 없다는 무기력함, 아무도 내 곁에 없다는 외로움 등등 모든 부정적인 감정들이 그 상처와 함께 숨어 있다가 어느 순간 다시 튀어나옵니다. 주눅이 들거나, 민감하게 화를 내거나, 억울하다는 생각이 들면 머릿속에 퓨즈가 끊어진 것처럼 감정이 폭주하는 식입니다.

상처를
이해하는 방법은 '존중'

가장 큰 상처 혹은 가장 깊은 외로움은 한 사람의 가장 중요한 캐릭터입니다. 그것을 이해하는 것은 그 사람을 가장 잘 이해하는 방법 중 하나입니다. 상처를 이해하는 방법은 그대로 바라봐주는 것, 즉 존중하는 것뿐입니다.

우리는 흔히 '존중'의 반대말을 '무시'라고 합니다. 있는 그대로 봐주지 않는다는 뜻입니다. 신기하게도 많은 심리적인 상처들은 비판 없이 있는 그대로 봐주는 것만으로도 치유가 시작됩니다. 마치 퀴퀴한 곰팡이가 그늘에 있다가 밝은 햇살과 시원한 바람을 맞는 것만으로 사라지듯이 말입니다.

스스로의 상처를 존중하면 나 자신을 이해할 수 있고 또 위로할 수 있습니다. 아무 죄 없이 상처받은 모습을 바라보면서 그 감정에 공감하고 위로하는 것은 너무나도 자연스러운 일입니다. 이것은 엄마의 상처에도 똑같이 적용할 수 있습니다. 엄마에게도 당연히 자신만의 깊은 상처와 외로움이 있습니다. 딸을 무시하고 상처 주는 말들은 사실 자기 상처를 표현하기 위한 몸부림입니다.

"딸이라고 죽을 둥 말 둥 키워났더니 엄마 호강시켜줄 생각은 안 하고……. 자식이라고 키워봐야 다 필요 없다!"

엄마의 이런 말 속에서 '아무도 내가 고생한 것은 몰라준다'는 상처를 볼 수 있다면 어떨까요? '도대체 얼마나 호강을 시켜드려야 하나?'라는 억울함보다도 '엄마, 많이 힘들었죠. 마음속 깊이 고맙게 생각하고 있어요. 더 잘해드리지 못해서 미안해요'라는 마음이 먼저 떠오른다면 어떨까요?

내 상처는
무엇일까요?

엄마가 원하는 것은 '호강'이 아니라 '인정과 위로'입니다. 엄마를 존중하기 위해서 호강을 위한 비싼 집과 자동차, 금전적 보상을 구할 필요는 없습니다. 누군가의 말을 그대로 따르는 것은 복종이지 존중이 아닙니다. 엄마도 스스로 알아차리지 못한, 그렇지만 너무나도 분명한 엄마의 상처를 있는 그대로 봐주는 것이 바로 존중입니다. 누구라도, 자신의 깊은 상처를 바라보고 공감해주는 사람이 곁에 있다는 건 정말 행복한 일입니다. 어쩌면 그것이 우리가 사랑하는 이유이며, 살아가면서 가장 간절히 원하는 관계입니다.

상처는 아픔입니다. 그러나 상처를 인정하고 위로하고 해결하는 과정은 행복할 수 있습니다. 큰 갈등으로 서로를 괴롭히다가 어떤 계기로 진심으로 마음을 열고 화해했던 경험이 있다면, 그 행복의 크기를 짐작할 수 있을 것입니다.

"내 상처는 무엇일까요?"

이 질문은 인생의 문제들을 풀기 위한 출발점이 됩니다. 누구에게나 '나의 상처'는 인격을 무시당하고 인권을 유린당하고 천부적인 성품을 존중받지 못했던 아픈 경험입니다.

감정을 다루며
깊이 느껴보는 연습

치유되지 않은 심리적 상처는 자기감정(자기에 대하여 스스로 느끼는 감정)을 다루는 데 걸림돌이 됩니다. 이런 걸림돌이 해결되면 훨씬 편하게 자신의 감정을 들여다볼 수 있습니다. 감정을 바라보거나 감정에 휩쓸리지 않고 편하게 다루는 데에는 감정을 의식적으로 깊이 느껴보는 연습이 필요합니다.

인간은 두 발로 걸을 수 있는 신체 구조를 가지고 있지만 연습 없이는 걸을 수 없습니다. 날마다 걸어 다니면서 걷기에 연습이 필요하다는 사실을 우리가 잊고 있을 뿐입니다. 아이들의 걸음마 과정이나 사고 이후에 재활 과정을 겪어보면 '인간으로서 당연히 할 수 있는 일에도 연습이 필요하다'는 사실을 분명히 확인할 수 있습니다.

감정을 다룰 수 있다는 것은 매우 중요한 기술입니다. "내가 미안하다고 했잖아?"라고 소리를 지르는 상황을 겪어본 일이 있으신가요? 한쪽에서는 사과를 했다고 생각하는데, 다른 한쪽에서는 사과를 받지 못했다고 생각하는 상황이 되면 갈등 해결이 쉽지 않습니다. 이런 일은 왜 생길까요?

사과는 시비를 가리는 일이 아니라 상대방의 감정을 움직이는 일입니다. 감정을 잘 다루지 못하는 사람들은 사과하기처럼 감정을 다루는 일에 아주 서툽니다. 그저 "기분이 나빴다면 미안해. 사과할게"라고 말하고는 상대방의 감정에 아랑곳없이 사과를 했기에 끝났다고 생각합니다. 사과하기뿐만 아니라 위로를 청하거나 기쁨과 감사를 나누는 등 감정을 다루는 일에서 진짜로 필요한 것은 상대의 마음을 읽어주고 공감해주는 심적 과정입니다.

다른 사람에게 부탁을 잘하지 못하거나, 다른 사람의 부탁을 제대로 거절하지 못하는 사람들이 있습니다. 자신이 받아들일 수 없는 상황인데도 그냥 받아들이고 속앓이를 하다가 억울해하기도 합니다. 감정을 잘 다룰 줄 모르니 다른 사람의 감정에 조심하다가 자신의 감정을 해치는 경우입니다. 어떤 사람은 다른 사람을 무시하고 자기가 하고 싶은 이야기만 하거나 다른 사람에게 함부로 참견하고 지적하기도 합니다. 이처럼 인간관계에서 나누는 대화와 소통에서 감정은 아주 큰 부분을 차지합니다.

다른 사람의

감정을 살피는 훈련

　다른 사람을 위해 많은 것을 베풀면서도 좋은 소리를 듣지 못하는 사람이 종종 있습니다. 베푸는 것은 고마운 일이지만 상대방의 감정을 살피지 못하기 때문입니다. 대학에 간 아들의 등록금을 구하지 못해 쩔쩔매는 동생에게 돈을 빌려주면서 "그러게, 너 그동안 대체 뭘 했냐? 자식 등록금도 못 만들어놓고…… 쯧쯧"이라고 말하는 사람처럼 말입니다.

　감정은 때론 진실보다 중요합니다. 감정을 제대로 다루지 못하면 인간관계뿐 아니라 자기 자신의 내적으로도 문제를 일으킵니다. 감정을 다루는 첫 번째 단계는 있는 그대로 자신의 감정을 바라보고 '너 상처받았구나', '너 속상했구나', '너 슬프구나'라고 인식하고 인정하는 것입니다. 이게 잘되지 않으면 자신의 감정은 무시당합니다. 자신의 감정도 무시당하면 아픕니다. 무시당한 감정은 억눌려서 왜곡되어 있다가 어느 순간 불쑥 튀어나와 문제를 일으키고는 합니다.

　남편이 운전하는 자동차의 조수석에 앉아 있다고 상상해봅시다. 마음이 급한 남편이 자주 차선에 끼어들고 거칠게 운전을 해서 마음이 불안합니다. 이때 불안하다는 감정을 인정하고 표현하면 문제

해결이 쉬워집니다. "오늘따라 옆자리에 앉아 있기가 좀 무섭네요" 라고 말하면 남편은 "좀 급해서 그랬는데 조심해서 할게요"라고 대 답할 수 있습니다.

아내가 표현한 불안한 감정을 위로하는 것은 아주 자연스러운 일입니다. 그런데 자신의 불안한 감정을 바라보지 않으면 내 안에 서는 그저 묘하게 기분이 나쁘다고만 느껴집니다. 그런 상태에서는 자신의 불안함을 표현하고 공감을 얻기 전에 "오늘따라 운전이 왜 이래요?"라고 화를 내버리기 쉽습니다.

상대방의 '불안한 감정'에는 옳고 그름을 따질 수 없습니다. 그 렇지만 '나의 운전 능력'은 다른 얘기입니다. 특히 남성들은 자신의 능력에 대한 평가에 아주 민감합니다. 이때부터는 '안전 운전'인지, '난폭 운전'인지로 시비를 가려야 합니다. 정답이 없는 시비를 가리 다 보면 감정싸움으로 번져 서로의 마음을 상하게 할 뿐입니다. 그 리고 남편의 운전은 더욱 거칠어집니다. 거친 운전에 불안했던 자 신의 감정은 제대로 존중받지 못했고, 그 결과 불안도 해소되지 못 했습니다.

자신의 감정을 잘 바라보지 못하는 사람은 다른 사람의 감정도 제대로 볼 수 없게 됩니다. 배앓이를 겪어본 사람은 누군가 자극적 인 음식을 먹지 않고, 불편한 표정을 지으면서 트림을 하고, 화장실 을 자꾸 왔다 갔다 하는 것을 보고 자연스럽게 그 상황을 알아차릴니다. 그런 경험이 없는 사람이라면 어떻게 할까요? 그저 '어디가 불편한가요?' 혹은 심지어 '뭔가 불만이 있나요?'라고 생각할 수도 있습니다. 자신의 감정을 정확히 바라보지 못하면서 다른 사람의 감정을 살피고 알아차리기는 힘듭니다. 즉 자신의 감정을 존중하고 다루는 것은 다른 사람의 감정을 잘 살피는 훈련이 됩니다.

부정적인 감정을
다루는 법

감정을 다루는 연습을 시작하기 위해서는 자신의 감정을 인식하고 존중하고 보살피겠다는 태도가 중요합니다. 내 감정은 그동안 나 스스로에게 소외되어왔습니다. 내 안에서 수없이 다양한 감정들이 하루에도 몇 번씩 생겼다가 사라지지만 내 기억 속에는 '기분 좋다', '기분이 안 좋다', '그저 그렇다' 수준으로 기억되어 있습니다. 존중받지 못한 감정들은 해소되지 못하고 부글부글 끓거나 변질된 채로 남아 있습니다. 괜한 불안, 복잡한 생각, 편히 쉬고 싶어도 무언가 마음속에 남아 있는 것들이 이런 감정의 찌꺼기들입니다.

감정에는 긍정적인 것과 부정적인 것이 있습니다. 당연히 긍정적인 감정도 제대로 존중받아야 합니다. 내가 기분이 좋을 때 인정받았다는 생각에 보람을 느끼는 것인지, 누군가에게 고마운 것인지, 마음이 가벼운 것인지, 누군가를 보고 있어서 행복한 것인지, 그 좋은 기분을 바라볼 수 있으면 다른 사람들과 훨씬 더 잘 나눌 수 있습니다. 반대로 그렇지 못하면 저 혼자 좋아서 들뜬 사람이 될 수도 있습니다.

부정적인 감정을 다루는 것은 더 중요합니다. 제대로 다루지 못한 부정적인 감정은 분노나 짜증, 우울 등으로 남기 때문입니다. 부정적인 감정이 떠오를 때는 일단 습관적인 생각이나 행동을 멈춰야 합니다. 얼굴을 찌푸리거나 한숨을 쉬거나 목소리를 높이거나 하는 것들을 멈추고 '아, 지금 나에게 뭔가 부정적인 감정이 떠올랐구나!'라고 알아차려야 합니다. 이럴 때는 깊게 숨을 쉬어봅니다. 깊게 숨을 들이쉬고 내쉬면 순간 떠오른 부정적인 감정 때문에 경직된 몸이 이완됩니다. 일그러진 표정이 풀어집니다.

다음으로는 자신의 몸 상태에 주목해봅니다. 어딘가가 불편하다든지 힘이 들어가 있다든지 하는 것을 살펴봅니다. 감정에 휩쓸려서 '화나!', '에이, 짜증 나'라고 생각하지 말고, '뒷목이 뻐근하고 골치가 아프네' 혹은 '속이 답답하네'라고 살펴줍니다.

의외로 많은 나쁜 감정은 신체적인 현상과 연관되어 있습니다. 피곤하거나 배가 고프거나 속이 더부룩하거나 하는 이유로 상황을 부정적으로 보는 일도 많습니다. 상대방이 나를 무시한다고 느끼는 건지, 나쁜 결과가 나올까 봐 두려운 건지, 그저 내 취향이 아닌 건

지, 자신을 차분히 돌아보면 내 안에서 생긴 부정적인 감정의 정체
가 조금씩 드러납니다.

자기 자신의 감정을
존중하기

마지막으로 자신이 어떻게 해야 이 부정적인 감정을 위로하거나
없앨 수 있을지 찾아보고 행동합니다. 쉬거나 먹거나 뭉친 어깨를
조금 주무르는 것일 수도 있고, 갈증을 해소해야 하거나 상대방의
감정을 조금 누그러뜨려야 할 수도 있습니다. 상대방이 정말 자신
을 무시하려고 한 것인지 확인해볼 필요가 있을 수도 있고, 불안을
없애기 위해 좀 더 나은 방법을 찾아보거나 주위에 조언을 구할 수
도 있습니다. 사람들에게 자신이 정말 원하는 것을 부탁해볼 수도
있습니다.

인간은 감정의 동물입니다. 감정에 따라 우리는 행복하기도 하고
우울하기도 합니다. 우리 마음을 둘러싸고 있는 겉 부분인 감정의
영향을 우리는 시시각각으로 받으면서 살아갑니다. 나 자신도, 나를
만나는 사람들도 모두 마찬가지입니다. 감정은 파도와 같습니다.
감정에 휩쓸리면 허우적거리면서 물을 먹어야 하지만, 감정을 타고
놀 수 있으면 높은 파도 위에서도 안전하게 주위를 살피며 즐길 수

있습니다.

이런 연습을 통해서 자신의 감정을 존중할 수 있으면 감정적인 낭비가 사라집니다. 제 안에 일어난 감정을 있는 그대로 표현하면 쉽게 공감받을 수 있습니다. 다른 사람의 감정을 바라볼 수 있게 되면 그의 감정에 어렵지 않게 공감할 수 있습니다. 마음은 편해지고 관계는 좋아집니다.

그러나 존중감이 없는 감정줄 관계에서는 자신의 감정도 상대방의 감정도 무시됩니다. 그런 상태에서 감정의 찌꺼기를 서로에게 집어던지며 상처를 주는 관계가 바로 감정줄 관계입니다.

감정줄 관계가 가로막는
내적 성장

존중이 없는 관계에서 성장한 딸은 자존감이 약합니다. 자신과 타인의 감정을 제대로 존중하지 못하는 상태에서 감성 능력을 키우기는 더 힘듭니다. 감성 능력 외에도 의지력과 책임감, 사회성, 창의성 등 살아가는 데 필요한 내적 능력을 스스로 키우지 못합니다. 이제부터 그 하나하나를 짚어서 살펴보겠습니다.

의지력과 책임감

    '결정장애'라는 표현을 종종 씁니다. '짜장면을 먹을까요?', '짬뽕을 먹을까요?'와 같은 사소한 결정에도 스트레스를 받는 경우에 농담처럼 쓰기도 합니다. 심지어 결정을 대신해주는 모바일 앱이 등장하기도 합니다. '결정장애'란 수많은 정보 속에서 끊임없이 결정하는 것에 지친 현대인의 세태를 보여주는 표현일 수도 있습니다. 그렇지만 인생은 자발적인 결정을 거듭한 결과로 얻어지는 것이라고 생각할 때 결정장애라는 표현은 조금 무섭게까지 느껴집니다.

    의지력과 책임감은 '뭘 마음먹어도 해내지 못하거나', '뭘 하려는 마음을 잘 먹지 않는' 사람들에 대한 이야기입니다. 다이어트를 하겠다고 마음먹었는데 며칠 만에 포기했다거나 악기를 배우겠다고 사놓고는 먼지만 쌓이면 스스로에게 실망스러운 마음이 커집니다. 다이어트나 취미 생활뿐 아니라 살아가는 전반에 목표를 세우고 추진할 수 있는 능력인 의지력과 책임감은 매우 중요합니다. 그렇지만 극기 훈련으로 하루아침에 생기는 것도 아닙니다.

    스스로 결정을 내리지 못하고 자신의 의지로 무언가를 이뤄내지 못하는 이유는 감정줄 관계가 가진 의존성 때문입니다. 감정줄 관계에서는 자신의 의지로 무언가를 해냈다는 성취감보다 엄마에게 인정받고 칭찬을 받는 것이 더 중요한 동기로 작용합니다. 감정줄 엄마는 스스로 의지력을 발휘하는 아이보다 엄마의 의향을 잘 따르는 아이를 칭찬합니다. 자신의 의지를 내세우는 아이는 엄마와 더 힘겨운 감정싸움을 벌여야 합니다.

스스로 결정을 내리고 의지력을 키울 기회가 주어지지 않은 아이들은 결과에 대한 책임을 자신이 아닌 바깥에서 찾는 데 익숙합니다. 삶의 주인공은 바로 자기 자신이 아니기 때문입니다. 무언가가 잘못될 때마다 사회, 가족, 동료 등 외부에서 원인을 찾고 불평을 늘어놓습니다. 이런 태도는 '자신의 주도로 아무것도 하지 못한다'는 무기력감과 열등감의 표현입니다. 그들은 남을 탓하고 공격함으로써 다른 사람의 비난으로부터 자신을 방어하려 합니다.

사회성

감성 능력이 부족하면 감정을 나누어야 하는 타인과의 관계가 힘듭니다. 상대방에게 받은 작은 상처도 원만하게 해결하지 못하고, 자신이 상대방에게 준 마음의 상처도 헤아리지 못합니다. 관객이 꽉 들어찬 무대에 서본 경험이 적은 사람이 무대 울렁증을 겪듯이 감성적 교감을 피하며 살아온 사람은 인간관계 울렁증을 겪습니다. 누구나 자신이 못하는 일은 하고 싶지 않습니다. 인간관계 울렁증을 겪는 사람들은 인간관계보다는 감정의 소모가 필요 없는 활동으로 사회적 활동 욕구를 해소합니다.

감정줄 관계에서 자란 아이의 사회성은 어린 시절부터 눈에 띄게 부족합니다. 세상을 배워나가는 것이 삶의 전부인 어린아이들에게 호기심은 가장 큰 특징이며, 가장 강력한 장점이기도 합니다. 감정줄에 얽힌 아이는 처음 만난 사람 앞에서 주저주저하며 불안한 모습을 보입니다. 엄마가 곁에 있으면 눈치를 살피며 선뜻 나서지 못하다가 같이 놀이에 참여해야 겨우 관계를 형성합니다.

반대로 감정줄이 없는 아이는 누구에게든 먼저 다가가 반갑게 인사를 하고 상대에 대한 호기심과 관심을 표현합니다. 어른이든, 아이든, 외국인이든 상관없이 자연스럽게 교감을 시도합니다.

타고난 성향상 좀 더 외향적이고 사교적인 아이들도 있고 내성적이거나 부끄럼이 많은 아이도 있습니다. 그러나 감정줄에 매인 아이들이 보이는 이런 사회성 부족은 타고난 성향의 차이와 구별되는 심각한 병증입니다.

창의성

창의력은 언제나 인간에게 가장 중요한 능력이었습니다. 세상은 늘 바뀌고 끝없이 문제가 발생하며 그에 대한 새로운 해결방법을 요구합니다. 개인의 삶도 늘 그렇습니다. 엄마들은 아이들의 창의력을 높이기 위해 골몰합니다. 창의력 계발을 위해 퍼즐을 풀게 하고, 새로운 것을 만들어내는 연습을 시키는 것도 물론 의미가 있습니다. 모든 능력이 그러하듯이 자주 접하고 많이 해보는 것만큼 그 능력을 키우는 데 좋은 것은 없기 때문입니다. 그러나 창의력을 계발하기 위해 필요한 가장 근본적인 조건은 따로 있습니다.

칫솔부터 텔레비전까지 세계에서 가장 창의적인 디자인을 만들어내는 디자인 전문회사 아이데오(IDEO)는 짧은 시간 안에 새 디자인을 만들기 위한 독특한 협력 방식을 가지고 있습니다. 서로 전혀 다른 분야에서 경험을 쌓은 팀원들이 주어진 제품에 대한 발상 회의에 모입니다. 이때 회의를 진행하는 사람은 경력이 제일 많은 사람이나 상급자가 아니라 회의를 가장 잘 진행하는 사람입니다. 팀원들은 저마다 발상을 위해 새로 필요한 기능이나 디자인을 내놓는데, 가장 중요한 규칙은 다른 사람의 아이디어에 부정적인 의견을 내지 않는 것입니다.

"그건 이미 있는 기능이에요.", "비용이 많이 들 것 같아요.", "그건 너무 유치하지 않나요?", "제가 해봤는데 안 돼요.", "예쁘지 않아요.", "그러면 크기가 너무 커질 겁니다."

회의 시간에 이런 부정적인 표현을 하지 않도록 약속한 겁니다. 처음엔 답답함을 느끼지만 곧 이 단순한 규칙이 가진 힘을 알아차리게 됩니다. 무모해 보이는 아이디어라도 제지당하지 않는 분위기가 형성되면 새로운 아이디어가 막힘없이 샘솟게 됩니다. 자기도 모르게 더 황당하고 더 창의적인 새로운 아이디어를 내놓게 됩니다. 최종적으로 성공하는 아이디어도 처음에는 말도 안 되어 보이는 경우가 많습니다. 그런 엉뚱한 생각이 간단하게 부정당하는 분위기에서는 창의적인 혁신이 절대 일어나지 않습니다. 엉뚱한 생각이 다른 사람들의 아이디어와 합쳐지거나 갑자기 방향을 바꾸면서 기발한 아이디어가 완성됩니다.

결국 창의성에는 얼마나 다른 사람의 눈치를 보지 않고, 그 무엇도 두려워하지 않으며 생각이 떠오르는 대로 꺼낼 수 있느냐가 가장 중요합니다. 서로 웃고 떠들며 격의 없이 대화하는 술자리에서는 회사의 회의실보다 훨씬 더 창의적인 생각들이 터져 나옵니다. '혹시 누군가 편잔을 주지는 않을까?', '틀린 말은 아닐까?', '이상한 사람 취급당하지 않을까?', '다른 분야의 전문가가 보기에는 말도 안 되는 게 아닐까?' 하는 두려움들이 창의성의 가장 큰 걸림돌입니다.

창의적인 사람이 되기 위한 또 하나의 조건은 바로 감성 능력입니다. 언어학자이자 경영 컨설턴트인 리처드 오글은 자신의 책《스마트 월드》에서 창의성은 서로 다른 아이디어 공간이 교차하는 순간에 나온다고 말합니다. 사람들은 저마다 어떤 아이디어 공간에 속해 있습니다. 아이디어 공간이란 경험이나 교육, 인간관계에서 오는 같은 생각의 틀을 가진 사람들이라고 말할 수 있습니다.

예를 들면, 한국 사람은 '김치'라는 음식을 반찬이나 찌개로 먹는다는 생각의 틀을 가지고 있습니다. 즉 그런 생각을 가진 사람들로 이루어진 아이디어 공간에 속해 있습니다. 다른 아이디어 공간에 속한 사람들은 피자 위에 다양한 음식을 토핑한다는 생각을 공유하고 있습니다. 피자에 김치를 토핑하는 것과 같은 창의성이란 이처럼 서로 다른 아이디어 공간이 겹쳐질 때 생겨나는 것이라고 리처드 오글은 설명합니다.

창의적인 사람이 된다는 것은 자신이 속한 아이디어 공간을 뛰어넘어 다른 아이디어 공간에 참여하는 것입니다. 한때 세계에서 가장 창의적이었던 나라들—20세기의 미국, 그 이전의 대영제국, 중세의 중국이나 고대의 인도 등—은 내부에 다양한 아이디어 공간을 가지고 있었고 서로 활발하게 겹쳐졌습니다. 요즘 강조하는 문화적 다양성이 바로 그런 조건입니다.

인간관계에 울렁증 증상을 보이고 자신과 다른 생각을 잘 포용하기 어려운 사람이라면 다른 아이디어 공간을 넘나들기 힘듭니다. 당연히 창의적인 아이디어가 탄생할 수 있는 열린 교류와 협력도 쉽지 않습니다. 정보 기술의 발달로 만날 수 있는 아이디어 공간은 다양해졌지만, 자신의 아이디어 공간에 갇혀 있으면 결코 창의성을 발휘할 수 없습니다. 엄마 손에 이끌려 억지로 창의력 경진대회를 준비해봐도 이들에게 창의력 계발은 먼 이야기일 뿐입니다.

감정줄은
어떻게 생기나요?

- 김반아

감정줄은 새끼줄과 비유해서 설명할 수 있습니다. 새끼줄은 짚을 손으로 비벼 말면서 꼽니다. 그리고 꼬인 짚과 짚을 하나로 꼽니다. 이때 팽팽하게 꼬인 두 갈래의 짚은 아랫부분에서 만나 톱니바퀴처럼 맞물려 풀리지 않습니다. 이것이 계속적으로 반복되면 밧줄이 만들어집니다. 꽈배기처럼 꼬인 두 갈래의 짚이 꽉 물려서 풀리지 않는 밧줄이 되는 것입니다.

감정의 새끼줄도 이런 식으로 만들어집니다. 엄마가 자라면서 받은 과거의 상처 때문에 엄마의 내면에서 감정들이 꼬이게 되고, 그렇게 꼬인 감정들은 곁에 있는 사람들(배우자, 아이들, 친정 식구, 시댁 식구)의 감정과 닿으면 자장에 끌리듯이 휘말리고 꼬여버립니다. 그러면 자기 마음속의 여러 갈래의 감정들—속상함, 안타까움, 화, 분노, 미움 등—이 더 꼬이면서 팽팽하게 되고, 이렇게 꼬인 감정들은 다른 사람과의 관계를 팽팽하게 합니다.

두 사람의 꼬인 감정들이 만나면 새로운 줄로 또 꼬입니다. 분위기가 한참 동안 괜찮으면 풀어지다가도 쌍방의 감정들이 각자의 내면에서 다시 꼬이면 마음의 저변에 눌어붙게 되고, 다시 부딪치면 두 사람의 꼬인 감정들이 톱니바퀴처럼 맞물려 단단하게 됩니다. 시간이 흐르면서 이 현상이 계속적으로 반복되면 눈에 보이지 않는 감정의 밧줄이 서서히 더 팽팽하게 만들어집니다.

한국 드라마를 보면 가정에서 어떻게 감정의 새끼줄을 꼬며 살아가는가를 생생하게 엿볼 수 있습니다. 마치 감정의 새끼줄을 꼬아가는 것이 민족의 특성이자 한국적 삶의 특성이라고 생각될 정도입니다(다른 나라 사람들에게서도 비슷한 모습들을 찾아볼 수 있으나 한국 가정에는 '한'과 '치맛바람'으로 꼬아가는 한국만의 특징이 있습니다). 심하게 꼬일 때는 고문당하는 것같이 괴로워하다가, 참고 살아가면서 비합리적인 환경에도 적응하게 되고 괴로운 느낌이 둔해지면서 나름 그 속에서 즐거움과 의미도 찾으며 살아갑니다.

엄마의 마음속 병으로 생기는 것

감정줄은 가정 안팎에서 수많은 감정들이 엮이고 꼬이는 역사를 써갑니다. 엄마의 마음 안에 어릴 때 상처받은 감정이 남아 풀리지 않게 되면, 배우자와의 관계에서 섭섭한 일이 생겼을 때 살짝 꼬인 새 감정이 풀어지지 않고 있던 것과 맞물려 들어가면서 더욱 깊이 꼬이게 되고, 이런 상황이 계속되면 점점 풀기 힘든 상황이 됩니다. 그런 문제를 가지고 있는 엄마는 자녀와의 관계에서도 별일 아닌 것에 속상해지고 마음이 쉽게 틀어지고 꼬입니다. 이런 패턴이 형성되고 습관이 되면 주변 사람들과의 관계에서도 되풀이되면서 '감정줄'은 사회로 확장되어갑니다.

감정줄은 엄마의 마음속 병으로 인해 '감성탯줄'이 변질되어 생깁니다. 감성탯줄은 아이가 뱃속에서 자라는 동안 엄마의 감성 의식을 통하여 이 세상과 소통하는 통로입니다. 감성탯줄은 아이가 태어나서 엄마의 품에서 나와 혼자 걷기 시작하고 개체로 독립해가는 과정까지 엄마가 본능적으로 자기의 몸같이 아이를 느끼고 돌볼 수 있는 본성입니다.

건강한 환경 속에서 아이가 자라서 자의식이 생기고 스스로 챙길 수 있을 정도로 성숙해가면, 엄마와 아이를 하나로 연결해놓았던 감성탯줄은 서서히 역할이 줄어들며, 그 자리에 독자적인 존재와 존재가 사랑으로 공존하며 자유로이 교류하는 '생명 기운의 장'으로 대치됩니다. 이 상태는 여러 인간관계 중에서 '가장 성스러운 관계'라고 할 수 있습니다.

반면 건강하지 않은 환경에 있는 엄마는 자기 안에 들어와 있는 어두운 기운 속에 휘말려 감성탯줄을 생명줄로 승화시키지 못하고 아이와 감정줄로 꼬이게 합니다.

태아가 엄마의 뱃속에 있을 때 영양소를 공급받던 탯줄은 아기가 뱃속에서 나오면 즉시 잘라줍니다. 그런데 감성탯줄은 육안으로 보이지 않기 때문에 잘라준다는 개념이 없습니다. 건강한 환경에서는 아이가 열린 감성 속에서 자연스럽게 독립적인 존재로 뛰어놀며 클 수 있지만, 건강하지 않은 환경에서는 아이가 성장해도 감정줄이 엄마를 붙잡고 아이를 그 속에 묶어놓습니다.

감정줄, 감성탯줄 등의 개념은 생소할 수 있지만, 이 두 개념이 지적하고 있는 실체는 우리 모두에게 너무도 익숙한 것입니다. 이름을 지어주면 객체가 주체에서 일단 분리가 되기 때문에 감정줄, 감성탯줄 등의 개념을 맞춰서 부르기 시작하면 자기 인식에 변화가 생긴다는 사실을 발견하게 될 것입니다. 이 두 개념이 널리 의식화되면 그 실체가 더욱 확연히 드러날 것이고, 감정줄이 내포하고 있는 암적 요소가 명확하게 인식되어 한국 사회가 그로부터 벗어나는 것이 훨씬 수월해질 것입니다.

끝없이 진행되고 되물림하는 감정줄

인간의 감정을 비벼서 꼬는 역할은 누가, 왜 하게 되었을까요? 앞에서 이야기했듯이, 치유되지 않은 마음의 상처를 풀지 못하고 살게 되면 사람들은 자기도 모르게 감정줄로 자신을 옭아맵니다.

이 문제는 개인적인 차원에서만 바라보게 되면 원인을 파악하기 힘들고 궁극적인 해결책을 찾는 것도 힘듭니다. 어느 한 개인의 삶에서 오는 것이 아니고, 한국 역사 속 사회적 추세와 분위기가 사람들을 그런 쪽으로 몰아갔기 때문입니다. 인류 역사에 만연한 현상이지만 한국에는 한국적 추세가 있습니다.

한국의 사회적 추세는 여전히 강력한 '남성 중심 가부장제'입니다. 가정에서는 할아버지, 아버지, 아들이 여성과 아이들 위에 군림하며 재산의 통제권 등 권력을 행사합니다. 사회에서는 남성이 정치적 지도력, 도덕적 권위, 사회적 특혜를 독점하고 수행합니다.

여성을 남성에 비해 도덕적, 지적, 신체적으로 열등한 존재로 보았고, 여성을 남성의 재산이라고 여겼고, 사회에서 여성의 역할은 자녀를 생산하고 가정에서 남성에게 복종하는 것으로 생각해왔습니다. 그런 사회적 분위기 속에서 여성의 감성은 정상적으로 건전하고 아름답게 꽃필 수 없었고, 저변에서 일어나는 증오와 분노의 감정은 꼬아놓은 새끼줄 끝에 갈고리처럼 걸리게 되었습니다.

이런 사고방식은 전형적으로 감성을 배제한 머리 중심의 것이고, 이러한 사고방식으로 다스려진 사회 체계는 여성들뿐 아니라 남성들도 자신들의 감성(공감 능력, 생명을 키우고자 하는 본능적 충동, 배려심, 인내심 등)을 인식하지 못하게 만들었습니다. 생명의 존엄과 존재, 인격의 최고 가치에 대한 의식이 없어 여성들뿐 아니라 여성을 지배하는 남성들의 의식 수준도 함께 낮은 차원으로 묶어두었고, 마치 감성 파괴에 능한 사람이 승자인 것으로 착각하며 살게 만들었습니다. 그것은 감성지수(EQ)와 지혜가 배제된 지능지수(IQ)만으로 기계적이고 독선적이고 냉혹하게 세상을 지배했고, 이런 추세는 지금까지 계속 이어지고 있습니다.

감정줄이 만들어지는 과정은 지푸라기로 새끼줄을 꼬는 것과 비슷한 면이 있는 반면에 전혀 다른 두 가지 측면이 있습니다. 짚으로 만든 새끼줄은 한 가닥씩 꼬아서 다시 함께 모아서 꼬고, 거기에 또 다른 가닥들을 엮어서 함께 꼬아 일정 길이가 되면 새끼줄 한 단을 만듭니다. 그런데 새끼줄과 달리 감정줄은 끝없이 진행되고 대물림을 합니다.

또 하나의 차이는 짚으로 만드는 새끼줄은 대부분 두 손으로 비비며 꼬는데, 감정줄은 주로 상대가 있어 원한의 대상을 선정해 자신의 마음속에서 한번 꼬고 난 뒤, 차오른 감정을 담은 말을 던져 상대의 가슴을 파고 들어가서 또 꼰다는 점입니다. 어쩌면 사람이 말을 하지 않고 살아갈 수 있다면 감정의 새끼줄을 꼴 수 없을지도 모르겠습니다.

3부

감정줄에서
벗어나는 방법

감정줄에 매달린 채 서로 주고받은 상처도 크지만 함께 누릴 수 있는 행복을 포기해야 한다는 것이 아쉽습니다. 부모님은 우리를 기다려주지 않습니다. 감정줄 속에서 엄마를 떠나보내는 순간, 그동안 쌓인 애증은 한스러운 눈물로 터져 나옵니다. 장례식장에서 들리는 절규와 통곡이 때론 좋은 관계를 회복하지 못하고 떠나버린 고인에 대한 원망처럼 들리기도 합니다.

감정줄 때문에 겪는 개인적, 사회적 손실은 큽니다. 감정줄 관계는 감정을 다루는 능력뿐 아니라 의지력, 책임감, 사회성, 창의성 등 많은 능력의 계발을 가로막습니다. 무엇보다 감정줄 관계는 나뿐만 아니라 다음 세대인 아이들에게까지 이어집니다. 엄마와의 감정줄을 정리할 수 있다면 배우자나 애인, 자녀 등 가까운 관계에서 생겨

난 감정줄도 어렵지 않게 정리할 수 있습니다.

상호 존중감을
회복하기

감정줄을 정리할 때 가장 큰 어려움은 혼자만의 문제가 아니라 두 사람이 같이 얽혀 있다는 점입니다. 한쪽에서 노력을 시작해도 상대방은 오랜 세월 동안 익숙해진 방식을 쉽게 바꾸지 않습니다. 상대방의 호응이 없으면 애써 노력을 시작한 사람도 쉽게 과거의 익숙한 반응으로 돌아갈 수 있습니다. 상대방이 기대했던 반응을 보이지 않으면 또다시 상처를 받고 자포자기의 상태로 더 악화될 수도 있습니다.

감정줄을 벗어난다는 것은 본질적으로 상호 존중감을 회복하는 것입니다. 인간관계에서 친밀함과 존중감을 모두 가지고 있는 관계는 이상적입니다. 엄마와 딸은 이미 충분히 가깝습니다. 오히려 너무 가까워서 서로를 동일시할 우려가 있어 존중을 위해서 거리를 조금 두어야 하는 경우도 있습니다. 존중감을 회복하기 위해서는 다른 무엇보다 우선 자기 스스로에 대한 존중감을 키워야 합니다. 결국 감정줄 관계에서 벗어난다는 것은 자존감을 회복하고 이를 서로의 관계 속에서 활용하는 것입니다.

늪에 빠진 두 사람을 생각해봅시다. 두 사람은 조금씩 몸이 가라 앉는 공포 속에서 제정신을 차리지 못하고 필사적으로 허우적거리고 있습니다. 한 사람이 먼저 정신을 차리고 상대방에게 손을 뻗으면 어떻게 될까요? 상대방은 여전히 정신없이 팔을 휘젓느라 도움의 손길을 뿌리치고 오히려 머리채나 옷자락을 붙잡기도 합니다. 그렇게 늪에 빠진 상태에서 상대방을 구하려다가는 서로 뒤엉켜 함께 늪으로 가라앉기 쉽습니다. 늪에 빠진 두 사람이 탈출하기 위해서는 자신이 먼저 늪을 빠져나오는 것이 중요합니다. 도움을 주기 위해 구명줄을 던지는 것은 그 다음의 일입니다. 함께 늪 속에서 허우적거리면서는 절대로 상대방을 구할 수 없습니다.

존중감 없는 관계에서 허우적거리는 엄마와 딸도 마찬가지입니다. 늪에서 빠져나오기 위해서는 먼저 늪 속에서 허우적거리고 있는 자신의 모습을 알아차려야 합니다. 내가 먼저 늪을 빠져나와 단단한 땅 위에 올라서고 나서야 상대방을 위해 도움의 손길을 뻗을 수 있습니다. 단단한 땅 위에서 만난 두 사람은 비로소 서로를 해치지 않는 관계를 만들어갈 수 있습니다.

감정줄 정리를
결심하기

친정엄마와의 관계에 고민이 많은 김지연 씨(p.44)는 아이들 때문에도 마음고생이 많았습니다. 아이가 학교에서 문제를 보일 때마다 자신이 엄마 노릇을 제대로 하지 못하고 있는 게 아닌가 하는 걱정을 했습니다.

"양육과 교육이 적절한 것일까?"

"엄마로서 좋은 본보기가 되어주지 못하는 것은 아닐까?"

"모성애가 부족한 걸까?"

지연 씨는 끊임없이 자신을 탓하고 스스로 부족함을 걱정하면서 불안해했습니다.

상담을 시작한 계기는 아이들 걱정 때문이었지만 지연 씨를 힘들게 하는 것은 자신에 대한 불신이었습니다. 상담 과정에서 그 문제가 지연 씨 엄마와의 관계에서 시작되었다는 것을 곧 알아차릴 수 있었습니다.

친정엄마는 다른 남자 형제들과는 달리 지연 씨에게만 유난히 단호하고 매정한 말을 해왔습니다. 가부장적인 아버지가 아들들을 더 챙기는 것은 어쩔 수 없다고 생각했지만 엄마가 자신만 다르게 대하는 것은 견딜 수 없이 섭섭했습니다. 엄마는 자신을 칭찬하기보다는 단점을 지적했고, 자신을 자랑스러워하기보다는 답답하고 안타까워했습니다. 엄마가 지적한 자신의 문제들을 지연 씨 스스로도 부정하지 못했습니다.

결혼을 한 후에도 엄마는 늘 '집에만 있지 말고 전문적인 일을 찾아라', '살을 빼고 스스로를 가꿔라'는 잔소리를 하십니다. 엄마가 그립고 안쓰러워 같이 시간을 보내고 싶은 마음이 들다가도, 막상 함께 있을 때면 엄마의 잔소리 때문에 불편했습니다. 지연 씨는 엄마의 기대에 미치지 못하는 자신을 늘 자책했습니다.

엄마의 잔소리를 들으면서 자존감을 잃고 주눅 들어 있는 지연 씨는 전형적인 순종대응의 사례였습니다.

친정엄마와의 감정줄 관계는 아이들과의 관계에도 깊은 영향을 주었습니다. 지연 씨는 자녀에게 무언가를 강요하기보다는 그들의 생각을 인정해주어야겠다고 마음먹었지만, 막상 아이들 앞에서는 걱정과 잔소리가 앞섰습니다. 지연 씨가 아이들을 믿어주지 못하고 걱정이 앞서 잔소리를 하는 것은 결국 자기 자신에 대한 불신 때문이었습니다.

'나를 닮은 내 아이들도 나와 마찬가지일 거야.'

상담이 진행되면서 지연 씨는 곧 자존감 문제를 발견했습니다. 그리고 그 원인이 친정엄마와의 관계에서 시작되었다는 설명에 고개를 끄덕였습니다.

친정엄마는 어릴 때 생긴 자존감 문제와 젊은 시절에 전문적인 직업을 가지지 못해서 남편에게 얹혀 살아왔다는 결핍감에 시달리며 딸인 지연 씨와 감정줄 관계를 맺게 되었습니다.

지연 씨는 두 아이의 엄마가 된 지금도 여전히 친정엄마는 자신을 부족하고 못마땅하게만 생각한다고 느끼고 있었습니다. 지연 씨를 힘들게 만드는 많은 문제들—남편과의 갈등이 어느 순간 필요 이상으로 커지는 것, 자신은 무언가를 열심히 해낼 수 없을 거라고 체념하는 것, 아이들을 믿어주자고 다짐하면서도 끊임없이 간섭하게 되는 것, 아이들에게 좋은 엄마가 되어주지 못한다고 자책하는 것, 심지어 한숨을 길게 내쉬는 습관—이 친정엄마와 이어진 감정줄에서 시작된 것임을 지연 씨는 이제야 제대로 볼 수 있었습니다.

30대 직장인인 한영희 씨(P.45)는 엄마와의 갈등 때문에 상담을 시작했습니다. 처음 상담에서 그녀는 자신에 대한 엄마의 집착 때문에 고통받고 있다고 말했습니다.

"엄마를 좀 챙겨라."

"딸이 되어서 왜 그리 이기적이냐."

영희 씨가 어린 시절부터 엄마에게 귀에 못이 박이도록 들은 이야기가 있습니다. 그것은 바로 작은아버지처럼 이기적으로 살지 말라는 것이었습니다.

장남인 영희 씨의 아버지는 어릴 때부터 학교도 제대로 다니지 못하고 돈을 벌어야 했습니다. 결혼 후에는 엄마도 공부 잘하는 작은아버지를 함께 뒷바라지했습니다.

그런데 작은아버지가 성공하고 난 후 집안을 돌보지 않는다며 엄마는 늘 작은아버지를 원망했습니다. 엄마는 어린 영희 씨가 자신의 방을 갖고 싶다거나 마음에 드는 옷을 사고 싶다고 조르면, 어김없이 영희 씨가 작은아버지를 닮아서 이기적이라며 영희 씨를 탓했습니다. 공부를 잘해서 상을 받아도 작은아버지처럼 되면 안 된다는 걱정이 잘했다는 칭찬보다 먼저였습니다. 영희 씨가 직장에서 자리를 잡자 은근히 용돈을 요구할 때도 엄마는 작은아버지 이야기로 말을 꺼냈습니다.

영희 씨에게도 평생 고생하신 엄마를 챙기고 싶은 마음이 있지만, 늘 작은아버지 이야기에 빗대어 자신을 책망하는 엄마가 원망스러웠습니다.

사실 영희 씨의 엄마가 마음속으로 깊이 원망하는 대상은 딸도, 작은아버지도 아닌 바로 자신의 남편입니다. 워낙 보수적이고 무뚝뚝해서 따뜻한 말 한마디 나누지 않는 남편과 함께 살면서 쌓인 감성적 결핍이 컸습니다.

세상 사람들 모두 법 없이도 살 사람이라고 칭찬하는 남편 때문에 영희 씨 엄마는 평생 뼈 빠지게 고생해야 했습니다. 맏며느리로서 시동생을 챙기고 집안을 일으키기 위해 자신을 희생했는데 그 힘듦을 알아주지도 위로해주지도 않는 남편에 대한 영희 씨 엄마의 원망은 뿌리 깊었습니다. 엄마는 딸에게 늘 이기적으로 살지 말라고 말했지만 전혀 다른 성향을 가진 아들에게는 아버지처럼 착하게만 살아서는 안 된다고 말합니다.

영희 씨 엄마가 각각의 자녀에게 되풀이하는 말들은 자녀들을 위한 충고가 아니었습니다. 그저 자신의 깊은 결핍과 한스러운 감정을 자녀들에게 끊임없이 표현한 것뿐입니다. 이럴 때 필요한 것은 공감과 위로지만, 이유도 알지 못한 채 공격을 받았다고 느끼는 자녀는 상처받은 자신을 방어하기 바쁠 수밖에 없습니다.

영희 씨는 엄마와의 관계 때문에 고통스러웠지만 그것이 감정줄이라는 한국 사회의 보편적인 문제라고는 생각하지 못했습니다. 영희 씨는 연락을 줄이고 차갑게 대하는 식으로 엄마와의 관계를 회피했습니다. 자신을 괴롭히는 엄마와 엄마를 차갑게 대하는 자기 자신을 원망하면서 고통받아왔습니다.

영희 씨는 또 엄마와의 감정줄 문제가 자신의 삶 구석구석에 영향을 주고 있다는 사실을 모르고 있었습니다. 영희 씨는 엄마로부터 받은 고통 때문에 인간관계 자체에 대한 깊은 회의를 가지고 있었습니다. 인간관계란 결국 고통스러운 것이라고 생각하는 그녀는 주변 사람들에게 쉽게 마음을 열지 않았습니다. 직장 동료나 친구들은 영희 씨를 조금 차가운 느낌이 있는 사람으로 느끼는 정도였지만, 간혹 연애를 하거나 더 가까운 관계가 되면 영희 씨는 상대방을 향해 날카로운 가시를 꺼냈습니다.

감정줄 문제를
제대로 인식하기

김지연 씨와 한영희 씨는 전혀 다른 문제로 상담을 시작했지만 둘 다 엄마와의 감정줄 문제를 발견했습니다. 김지연 씨가 순종대응을 하면서 자존감에 상처를 입고 주눅 들어 있었다면, 한영희 씨는 회피대응을 하면서 차갑게 고립되어 있었습니다.

문제를 제대로 바라보는 것이 해결을 향한 첫걸음입니다. 두 사람은 감정줄 관계를 이해하고 인정했습니다. 스스로 엄마와 함께 늪에 빠져서 허우적거리고 있었다는 것을 명확하게 알아차렸다면 감정줄 정리의 절반은 성공했다고 볼 수 있습니다.

다음 단계는 감정줄 관계에서 훼손된 자존감을 회복하는 것입니다. 자기 자신이 먼저 늪을 빠져나가서 흔들리지 않는 단단한 땅 위에 발을 딛고 나면 엄마의 모습이 달라 보이기 시작합니다.

김지연 씨와 한영희 씨는 서로 다른 양상의 감정줄 관계로 고통받았지만, 두 사람 모두 자존감에 심각한 상처를 입은 것은 동일합니다.

순종대응형 김지연 씨는 자신에 대한 신뢰를 완전히 잃은 상태였습니다. 자신이 가진 장점과 단점을 있는 그대로 바라보기보다는 '나는 열심히 노력하지 않는 사람이야', '나는 뭐 하나도 제대로 하지 못해'라는 주문에 사로잡혀 있었습니다. 이것은 때로는 좀 더 제대로 하라는 잔소리로, 때로는 실망스러운 표정으로, 때로는 다른 형제에 대한 칭찬으로 친정엄마가 김지연 씨에게 반복한 메시지입니다.

이런 메시지는 지연 씨를 끊임없이 불안하게 만들었습니다. 아이가 아파서 입원하던 날은 놀란 마음에 가슴을 쓸어내렸지만 '아이가 아파서 입원했는데 눈물이 펑펑 나지 않는 내가 잘못된 것은 아닐까?', '내 모성애가 부족한 것은 아닐까?'라는 의문을 떠올리기도 했습니다. 일을 하러 나갈 때는 '아이들과 같이 시간을 보내지 못하는 나는 나쁜 엄마가 아닐까?'라는 걱정을 했습니다. '나도 잘할 수 있어'라든지 '결과를 떠나서 최선을 다해봐야지'라는 긍정적인 생각은 좀처럼 하지 못했습니다.

지연 씨에게는 무언가 의지를 세우고 성취해본 경험이 없었습니다. 자신이 그럴 수 있을 거라는 믿음도 없었습니다. 다른 사람과의 관계에서 책망을 받는 것이 가장 두려웠습니다. 지연 씨는 간혹 탓하는 말로 상대방에게 상처를 주고는 했습니다. 남편이 집이 더럽다고 말하면 "우리 형편에 좋은 청소기를 못 사서 그런 걸 어떡해?"라고 쏘아붙였습니다. 남편의 말을 자신을 책망하는 것으로 받아들이고 그 공격을 방어하기 위해 오히려 상대방을 공격하는 식이었습니다.

자기긍정과 칭찬

감정줄을 정리하는 과정에서 어려움이 닥칠 때마다 엄마에 대한 원망과 함께 자책이 생깁니다. 감정줄 관계로 오랫동안 고통받아온 사람들은 자신을 위로하고 응원하기보다는 다른 사람을 책망하고 탓하는 데 익숙하기 때문입니다. 그럴 때 가장 큰 힘이 되는 것은 바로 칭찬입니다. 감정줄을 정리하는 과정에서는 자신을 향한 끊임없는 칭찬이 필요합니다. 문제를 해결하기 위해 용기를 낸 자신을 칭찬하고, 엄마와의 관계 문제를 주도적으로 해결하려는 자신의 모습을 칭찬해야 합니다. 엄마에게 그 어떤 물질적인 도움보다도 큰 선물을 드리기 위해 애쓰고 있는 자신을 항상 긍정하고 칭찬해야 합니다.

아프게 하고 외롭게 하는

감정줄 상처

겉으로만 볼 때 한영희 씨는 자신의 자존감에 아무런 문제가 없어 보였습니다. 남들이 부러워하는 직장에서 자신의 능력을 발휘하고 주변 사람에게서 자존심이 세다는 말을 듣고는 했습니다. 겉으로 보이는 당당한 태도는 영희 씨의 여린 마음과 깊은 외로움을 철저하게 가렸습니다. 영희 씨는 늘 외로웠습니다. 일에서는 자신의 능력을 마음껏 펼쳤지만 사람들과의 관계에서는 늘 위축되어 있었습니다. 또한 엄마와의 관계에서 실패를 거듭하면서 따뜻한 관계에 깊은 회의를 가지고 있었습니다.

영희 씨는 '넌 이기적이야! 차갑고 냉정해!'라는 엄마의 주문에 묶여 있었습니다. 당당하고 차가운 태도는 여리고 외로운 마음을 숨기기 위한 위장 전술이었습니다. 그렇게 '센 척하는' 영희 씨의 가면은 가깝고 좋은 인간관계를 가로막았습니다. 영희 씨에게는 멀지만 좋은 관계와 가깝고 나쁜 관계가 있을 뿐, 가깝고 좋은 관계라는 것은 존재하지 않았습니다.

'나는 누구도 사랑할 수 없고, 누구에게도 사랑받을 수 없을 거야!'

영희 씨가 감정줄에서 얻은 상처는 이렇게 스스로를 아프게 하고, 외롭게 했습니다.

지연 씨와 영희 씨는 서로 전혀 다른 문제를 가지고 있었습니다. 하지만 그 문제들은 엄마와의 감정줄 관계에서 훼손된 자존감의 문제였습니다. 두 사람 모두 엄마가 어린 시절부터 반복해서 되풀이한 '너는 의지력이 약하고 답답해', '너는 이기적이고 냉정해'라는 주문에서 전혀 헤어나지 못하고 있었습니다. 지연 씨는 의지력이 약한 것이 아니라 자신감을 잃고 의지력을 발휘하지 못한 것뿐이었습니다. 마찬가지로 영희 씨는 냉정한 사람이 아니라 엄마와의 관계에서 겪은 고통 때문에 마음의 문을 닫고 있을 뿐이었습니다.

마음의 상처와 존중감을
회복하는 일

자신의 감정줄 문제를 바라보기 시작한 사람들이 거쳐야 하는 두 번째 단계는, 엄마와의 관계에서 훼손된 자기 자신의 마음의 상처와 존중감을 회복하는 일입니다. 앞서 살펴본 바와 같이 친정엄마가 지연 씨를 책망한 것은 자신이 이루지 못한 성취를 자기 대신 딸이 이뤄주길 바라는 마음 때문이었습니다. 영희 씨의 엄마 역시 딸에게 감정이 있는 게 아니라 남편과의 관계에서 얻은 결핍을 딸에게 넋두리하듯 풀어놓은 것뿐입니다. 마치 무심코 던진 돌에 개

구리가 죽임을 당하듯, 엄마가 자녀에게 털어놓은 정제되지 않은 감정들이 자녀의 삶에 두고두고 커다란 고통을 준 셈입니다.

엄마와의 관계에서 받은 상처 중 가장 오래가는 것은 어릴 때 사랑을 충분히 받지 못하여 지금도 자기 마음속에 상처 입은 어린아이가 살고 있는 것입니다. 이것을 '성인이 된 어린이'라고 부릅니다. 이 상처를 치유하는 좋은 방법 중 하나는 자신의 어릴 적 사진이나 '어린 자기'를 상징하는 마스코트를 가지고 다니면서 쓰다듬어 주는 것입니다. 이런 행동은 무의식 속에 잠겨 있는 슬픔이 표면으로 나오는 데 도움이 되어 서서히 외부로 발산하게 됩니다. 엄마가 된 여성이라면 자신의 어린 딸을 '어린 자기'로 착각하고 감정을 꼬는 감정줄 관계를 잇지 않도록 도움이 되는 치유 방법입니다.

김지연 씨와 한영희 씨는 조금씩 자신을 있는 그대로 보려고 노력하기 시작했습니다. 엄마가 걸어둔 주문에서 벗어나 있는 그대로의 자신의 모습을 보는 것은 낯선 경험입니다. 지연 씨는 자신을 칭찬하는 연습을 시작했습니다. 또 자신이 스스로를 무기력하다고 느끼는 이유 중에 가사 노동을 하찮게 여기는 마음이 있다는 것을 알아차렸습니다.

영희 씨는 그동안 자신의 표정이 차가웠다는 사실을 돌아보게 되었습니다. 또 자신과 엄마 사이의 갈등이 자신이나 엄마의 문제에 국한된 것이 아니라 한국 사회에 널리 퍼진 감정줄 문제라는 설명에서 큰 위안을 얻었습니다. 그동안 영희 씨에게 자신을 탓하는 것도 엄마를 탓하는 것도 고통스러운 일이었는데, 감정줄 문제는 엄마나 자신을 탓할 일이 아니라는 사실을 편하게 받아들일 수 있었습니다.

두 사람 모두 엄마와의 관계가 이전처럼 답답하고 절망스럽게 느껴지지 않았습니다. 자신을, 특히 자신의 감정을 있는 그대로 바라보는 연습을 통해서 조금씩 자존감을 되찾았습니다. 깊은 늪에서 빠져 나와 땅을 밟고 올라선 지연 씨와 영희 씨는 감정줄 정리의 다음 단계로 나아갈 준비가 되었습니다.

엄마와 거리 두기

엄마와의 관계가 지나치게 밀착되어 있다면 적당한 거리를 두는 것이 중요합니다. 이때의 거리는 심리적인 거리이지만 때로는 물리적 거리를 두는 것도 필요합니다. 일상적으로 엄마와 접촉이 있는 상태에서는 심리적인 거리를 두기 어렵기 때문입니다. 불교에서 출가의 방식으로 집을 떠나는 것, 기독교도나 이슬람교도의 성지 순례가 갖는 의미도 일상과 거리 두기에 있습니다.

엄마와 존댓말을 사용하는 것도 서로를 존중하면서 심리적인 거리를 두는 좋은 방법입니다. 엄마로 대표되는 가깝고 좁은 관계에서 벗어나 더 큰 세상, 더 높은 차원을 맞이하기 위해 반드시 거쳐야 하는 과정입니다.

엄마를
존중하기

감정줄을 정리하기 위한 다음 단계는 아직 늪에 남아 있는 사람에게 구명줄을 던지는 것입니다. 먼저 늪에서 나와 땅 위에 올라선 사람은 흔들림 없이 상대방에게 도움을 줄 수 있습니다. 마찬가지로 자기 자신의 자존감을 회복한 사람은 상대방의 반응에 흔들리지 않고 상대방을 존중할 수 있습니다.

감정줄을 정리하는 과정은 누군가를 단죄하려는 것이 아니라 서로를 힘들게 하는 문제를 찾아 해결하려는 것입니다. 엄마는 자녀를 괴롭힌 나쁜 사람이 아니라 함께 고통받아온 사람입니다. 엄마 자신이 부모와의 관계에서 정리되지 못한 감정줄을 자녀에게 전달한 것뿐입니다. 원망은 답이 없는 절망의 상황에서나 하는 것이지, 문제를 해결하려는 의지를 가진 사람의 것이 아닙니다.

엄마에게
어른으로 인정받다

김지연 씨가 자신에 대한 신뢰를 완전히 회복하기까지는 적지 않은 시간이 걸렸습니다. 자신이 무기력하고 의지력이 약하다는 믿음은 오랜 세월 동안 단단하게 쌓여 있었습니다. 부모님이 자신을 그렇게 키웠다는 원망도 숨기지 않았습니다. 여전히 자신의 문제를 부모에게 책임이 있다고 떠넘기려는 마음이 남아 있었습니다.

감정줄로 고통받는 사람들의 마음속에는 엄마에 대한 증오가 자리 잡고 있습니다. 우리가 흔히 엄마와의 애증 관계라고 말할 때 이미 증오라는 감정을 인정하고 있습니다. 지연 씨를 괴롭혀온 친정엄마의 잔소리들은 '너는 부족해', '너는 노력하지 않아'라는 굴욕적인 메시지를 담고 있었습니다. 사실 이런 친정엄마의 말들은 딸인 지연 씨를 공격하기 위한 것이 아니라 자신의 한스러운 감정을 표현하는 비명이었을 뿐이었습니다.

지연 씨는 친정엄마의 어린 시절 이야기에 귀를 기울이기 시작했습니다. 소녀 시절, 돌아가신 외할아버지와 외할머니 이야기, 아버지와 연애하던 시절, 자신을 낳아 키우던 가난한 신혼 시절 이야기들을 경청하다 보니 친정엄마가 새롭게 보였습니다. 어린 시절 이야기에는 자신에 대한 잔소리가 끼어들 틈도 없었습니다.

친정엄마의 이야기에 귀를 기울이던 지연 씨는 드디어 자신의 이야기를 꺼낼 수 있었습니다. 지연 씨는 그 어떤 원망도 없이 자신이 겪어온 고통을 털어놓았습니다. 오히려 친정엄마의 상처를 모른 채 원망만 한 자신을 용서해달라고 했습니다. 지금까지 쌓아온 깊은 원망을 버리고 진심으로 사과하면서 처음으로 자신의 문제를 책임지기 시작했다고 느꼈습니다. 지연 씨의 사과를 받은 친정엄마는 지연 씨의 눈에 흐르는 눈물을 닦아주었습니다.

"네가 이렇게 다 컸는데 엄마는 늘 너를 아이 취급만 했구나. 미안하다. 네가 이렇게 잘 커줘서 엄마는 참 행복하네!"

그렇게 말하는 친정엄마도 눈물을 흘렸습니다. 지연 씨는 이제야 엄마로부터 어른스러운 딸로 인정을 받았다고 느꼈습니다.

엄마를 이해하고
그대로 바라보는 것

한영희 씨는 상담을 시작한 계기가 엄마였을 만큼 엄마와의 관계에서 많은 고통을 받아왔습니다. 이제 영희 씨는 엄마에게 자신의 위로가 필요하다는 것을 깨달았습니다. 자신이 서울에서 대학을 다니고 직장생활을 하는 동안 엄마가 어떤 삶을 살았고 어떤 어려움을 겪었는지, 무엇보다 얼마나 외로웠는지 영희 씨는 전혀 모르고 있었습니다. 아니 관심도 갖지 않았습니다. 스토커 같다고 말할 정도로 진절머리가 났던 엄마와의 전화 통화에 대해서도 전혀 다르게 받아들이게 되었습니다.

엄마의 전화는 자신을 돌보지 않는 딸에 대한 책망이 아니라 '나정말 미치도록 외로워!'라는 엄마의 비명이었다는 것을 알게 되었습니다. 대체 엄마는 왜 그렇게 딸이 밥을 먹고 다니는지 궁금하실까요? 왜 특별히 할 말도 없으면서 전화를 해서 이런저런 이야기를 늘어놓으시는 걸까요? 그리고 왜 그 전화의 끝에 저를 매정하고 이기적인 사람이라고 몰아붙이는 걸까요?

그 모든 궁금증은 엄마의 깊은 외로움—혼자라는 슬픔과 미래에 대한 두려움—에 공감하면서 해결되었습니다. 어쩌면 영희 씨는 그 외로움을 가장 잘 이해해줄 수 있는 사람이었습니다. 영희 씨 자신도 당당한 겉모습에 가려진 깊은 외로움을 지니고 살아가고 있었기 때문입니다.

영희 씨는 당장 엄마와 따뜻한 대화를 시작하겠다고 마음먹었습니다. 엄마가 원한 것은 자신의 경제적 부양도 아니었고, 바쁜 회사일을 뒤로하고 엄마만 챙겨주기를 바란 것도 아니었습니다. 다만 '자신의 아픔에 공감하고 귀 기울이려는 마음'을 확인하고 싶었던 것입니다.

여전히 영희 씨는 근무 시간 중에 엄마와 길게 전화 통화를 하지 못합니다. 하지만 바쁜 시간에 전화가 오면 자신의 상황을 설명하고 당장 이야기를 나눌 수 없어 안타까운 마음을 표현합니다. 일을 마치면 엄마에게 전화를 걸어 이런저런 이야기를 나눕니다. 혹시 엄마에게 어떤 속상한 일이 있었는지, 건강은 어떠신지, 괜히 마음이 울적하신 건지 궁금해합니다. 그런 궁금한 마음 때문에 가끔은 통화가 길어집니다.

더 이상 엄마는 영희 씨의 매정함을 탓하지 않습니다. 어느 날 엄마는 "너에게라도 이야기를 털어놓으니 좀 살겠구나!"라며 영희 씨에게 고마움을 표했습니다. "이제 좀 살겠구나"라는 말을 듣는 순간 영희 씨는 자기도 모르게 눈물을 쏟아냈습니다. 그동안 '엄마가 정말 사는 게 힘드셨구나!'를 느꼈습니다. 애초부터 영희 씨는 차갑고 매정한 사람이 아니었습니다.

엄마와 함께 여행을 떠나는 것도 감정줄을 정리하는 데 큰 도움이 됩니다. 단 이때의 여행은 꼭 경치 좋은 곳이나 유명한 관광지일 필요는 없습니다. 가장 좋은 곳은 엄마가 어린 시절을 보낸 곳입니다. 엄마의 고향에 함께 갔다고 생각해봅시다. 엄마가 어린 시절을 보낸 마을과 엄마가 다니던 학교를 함께 돌아봅니다. 그리고 엄마의 추억에 귀를 기울여봅니다. 누구의 배우자, 누군가의 엄마이기 이전에 있는 그대로 엄마의 온전한 모습이 조금은 보일 것입니다.

엄마의 오래전 기억에 대해서 이야기를 나누는 것은 그 자체로 훌륭한 여행입니다. 적어도 그 이야기에 대해서만큼은 누가 옳고 그를 것도 없고, 감정의 줄다리기를 벌일 일도 없습니다. 아마도 여행을 마치고 돌아오면 엄마의 참모습을 조금은 발견했다는 느낌을 받을 수 있을 것입니다.

지연 씨와 영희 씨 모두 자존감을 회복하면서 엄마에게 쉽게 상처받지 않게 되었습니다. 자연히 자신이 받은 상처를 엄마에게 되돌려줄 일도 없어졌습니다. 상처의 방해가 없어지자 엄마의 말을 경청할 수 있었고, 한 사람으로서 엄마의 모습을 이해할 수 있었습니다. 그동안 가려져 보이지 않았던 원래의 모습을 보게 되면서 자연스럽게 엄마를 존중할 수 있었습니다. 자신을 괴롭히고 힘들게 하는 모습이 아니라 딸인 자신을 위하고 따뜻하게 바라봐주는 엄마의 모습을 그대로 바라보는 것이 바로 존중이었습니다.

도움을 구하기

주변에 도움을 청하는 것도 하나의 좋은 방법입니다. 자신의 애인이나 배우자, 함께 감정줄의 고통을 겪은 형제들, 심리 상담사, 종교를 가지고 있다면 그 종교의 가르침에서도 도움을 받을 수 있습니다. 특히 같은 문제를 가지고 해결하려는 사람들의 모임을 통해서 서로의 사례를 나누면서 필요한 정보를 나누고 서로를 격려할 수 있습니다.

주위에서 도움을 얻는 과정을 통해 자신이 해결하려는 문제가 자신만의 것이 아니라 보편타당한 정당성을 갖고 있음을 확인할 수 있을 것입니다. 또 약해진 마음에 위로를 받거나 같은 상황을 겪은 다른 사람들의 경험들이 해결 방법을 찾는 데 도움이 될 수도 있습니다.

새로운 관계를
시작하다

마지막 단계는 감정줄의 방해 없이 서로의 온전한 마음과 마음
이 연결되는 관계를 시작하는 것입니다. 흔히 하는 말처럼 사람은
쉽게 바뀌지 않습니다. 김지연 씨와 한영희 씨는 물론 그들의 엄마
도 여전히 같은 사람입니다. 하지만 엄마와의 관계에 있어서는 크
게 바뀌었습니다.

지연 씨와 친정엄마의 관계는 꾸지람하는 엄마와 마음속으로 반
항하면서도 겉으로는 순종하는 아이의 관계였습니다. 이제 두 사람
은 성숙한 어른으로 동등한 관계를 만들어가고 있습니다. 가끔 친
정엄마가 예전처럼 잔소리를 해도 지연 씨에게 더 이상 상처가 되
지 않습니다.

영희 씨와 엄마는 각자의 삶에서 지쳤을 때 서로를 위로하기보
다는 다투면서 상처를 주고받는 관계였습니다. 영희 씨가 자신의
자존감을 찾아가면서 비로소 엄마의 아픔을 바라볼 수 있었고 서
로를 따뜻하게 위로하는 관계가 되었습니다. 엄마의 마음을 살피고
위로한다는 생각으로 대화를 시작하자 오히려 위로를 받는 쪽은 영
희 씨 자신이었습니다.

감정줄 관계에서는 보이지 않았던 상대방의 참모습을 있는 그대

로 볼 수 있는 관계가 되면 엄마는 전혀 다른 사람인 것처럼 편안하게 느껴집니다. 엄마들 역시 지연 씨와 영희 씨가 새로운 사람처럼 다가옵니다.

르네상스 시대의 조각가 미켈란젤로에게 어떤 사람이 물었다고 합니다.

"어떻게 이런 보잘것없는 돌로 아름다운 작품을 만들어낼 수 있습니까?"

그 물음에 미켈란젤로는 이렇게 대답했다고 합니다.

"아름다운 모습은 이미 그 돌 속에 있었습니다. 나는 단지 불필요한 부분을 깎아냈을 뿐이고요."

감정줄이라는 불필요한 관계를 정리한 것은 미켈란젤로가 아름다운 조각을 만들어낸 것과도 같습니다. 방해하는 요소를 제거하고 나면 부모님과 자신의 관계는 본질적으로 아름다울 수밖에 없습니다.

엄마와 관계를
회복하는 것

김지연 씨와 한영희 씨의 모습은 겉으로 보기에도 크게 달라졌습니다. 불안한 눈빛과 어두운 표정, 그리고 말을 하면서 곧잘 내뱉는 한숨은 처음 상담을 시작할 때부터 지연 씨가 보인 모습이었습니다. 지연 씨는 오랫동안 스스로 부족하다는 자책 속에서 살아왔습니다. 내면에서 끊임없이 자신의 부족함을 질책하면서 살아온 사람이 보이는 불안함과 침울함이 있었습니다.

지연 씨는 감정줄을 정리하면서 스스로의 힘으로 자신의 문제를 해결하는 경험을 했습니다. 처음으로 친정엄마에게 증오를 품었던 자신을 돌아보고 엄마에게 진심 어린 사과를 했습니다. 지연 씨의 사과는 자기 문제에 대해 부모님을 탓하고 자포자기했던 오랜 습관을 버리고 자신의 책임을 인정한 중요한 사건이었습니다. 결국 친정엄마에게서 "우리 딸이 이제 어른스러워졌구나!"라는 인정과 칭찬을 받았습니다.

감정줄을 정리하고 나서 지연 씨는 스스로 어른스러워졌다고 느낍니다. 스스로에 대한 자책이 사라지면서 표정도 말투도 밝아졌습니다. 다른 사람에게 잘 보이기 위해 무리해서 애쓰고 그 과정이 힘들면 다른 사람을 원망하던 습관도 사라졌습니다. 아이들에게 시시때때로 꺼내던 잔소리도 이제는 반복하지 않습니다.

감정줄을 끊고 엄마와 관계를 회복하는 것은 자신을 휩싸버린 감정을 걷어내는 과정입니다. 감정을 내려놓으면 자신이 엄마와의 관계에서 겪었던 많은 실패들이 뚜렷하게 보입니다. 그리고 그 실패의 패턴을 다른 사람들과의 관계에서도 계속 반복하고 있었다는 것을 알게 됩니다.

감정줄이 정리되면 엄마와의 관계에서 보이는 책임감과 용기는 이제 다른 사람들과의 관계에서도 발휘할 수 있습니다. 수십 년 동안 자신을 괴롭힌 엄마와의 관계에 비하면 다른 관계를 바꾸는 것은 오히려 쉽게 느껴집니다.

처음 상담을 시작할 때 한영희 씨는 마음속 깊은 곳에 슬픔과 외로움을 감추기 위해 밝고 당당한 모습으로 가장하고 있었습니다. 잘 만들어진 가면으로도 가릴 수 없던 차가움이 어느새 사라지고 영희 씨는 훨씬 따뜻한 사람이 되어 있었습니다.

"직장 후배로부터 이런 말을 들었어요. 선배에게서 처음으로 칭찬을 들었다고요. 그동안 그런 생각을 해본 적이 없는데 제가 주변 사람들에게 엄격해야 한다고 생각해왔나 봐요. 마치 엄마가 저에게 그랬고, 제 자신이 스스로에게 그랬던 것처럼 말이에요."

:
:
:
:

'마음의 연결'을
이루는 조건

:
:
:
:

   두 딸의 사례를 통해 엄마와의 감정줄을 정리하는 과정을 살펴보았습니다. 감정줄이 사라지면서 엄마와 딸 사이의 관계는 본래의 아름다움을 되찾기 시작합니다. 이전과 가장 큰 차이는 두말할 것도 없이 서로에 대한 존중감입니다.

   엄마와 딸은 존중하는 관계가 주는 따뜻함과 오랫동안 키워온 친밀함을 느낄 수 있습니다. 같은 아픔을 서로에게 털어놓고 위로받는 관계, 서로의 장점과 단점을 있는 그대로 봐주는 관계가 됩니다. 엄마는 딸에게 가장 훌륭한 선생님이 됩니다. 엄마는 한 세대를 먼저 살아온 여성이며, 딸에 대해서도 가장 잘 알고 있는 어른입니다. 성공적인 부분이든 실패한 부분이든, 엄마가 삶에서 먼저 얻은 경험들은 딸에게 어디서도 얻을 수 없는 교훈이 됩니다. 그리고 엄마는 딸에게 가장 소중한 인생의 동반자가 되어줄 수 있습니다. 딸에 대한 깊은 이해와 지극한 사랑이 한데 모아질 때, 그때 생기는 모성은 딸의 삶의 여로(旅路)에 단단한 힘이 되어줍니다.

엄마와의 관계에서 존중감을 회복한 딸은 그 존중감을 다른 관계에서도 펼칠 수 있습니다. 엄마와 감정줄 관계를 맺은 딸은 대부분 다른 관계, 특히 배우자나 자녀와의 관계에서 감정줄 관계를 되풀이합니다. 반대로 가장 오래되고 질긴 감정줄을 정리한 딸은 다른 관계에서도 어렵지 않게 존중을 활용할 수 있습니다.

존중은 상대방을 자신보다 높여야 가능한 것이 아니라 상대방을 나와 같은 고귀한 존재로 인정하는 것입니다. 자신이 상대방을 제대로 존중하면 상대방도 그에 감응하기 마련입니다. 관계 회복은 감정줄의 중요한 계기인 감성 결핍을 해결하는 데 도움이 됩니다.

밀접한 관계에서 존중감을 갖게 된 딸은 스스로에 대한 존중을 점점 키워갈 수 있습니다. 낮은 자존감을 가진 사람의 고통은 매일 혼나고 있는 아이와 같습니다. 자신과 가장 많은 대화를 나누는 상대는 바로 자기 자신인데, 자기 자신이 끊임없이 '너는 왜 그 모양이냐?', '너는 도대체 잘하는 게 없어'라고 속삭이니 말입니다.

반대로 자존감이 높아진 사람은 매일 칭찬을 받는 아이처럼 활기가 넘칩니다. '너는 참 괜찮은 사람이야', '너는 뭐든 다 잘하는구나'라는 말을 매일 자신에게 들을 수 있으니 말입니다. 이렇게 자존감을 키워가면서 약한 자존감 때문에 키우지 못했던 자신의 능력들을 키울 수 있습니다. 감성 능력을 비롯해 의지력, 책임감, 사회성, 창의성 등 감정줄 관계에 갇혀 정체되었던 내적 성장이 다시 시작되면서 스스로 점점 더 어른스러워진다고 느낄 수 있습니다.

감정줄 관계가 정리되면 다음 세대에 미치는 영향도 달라집니다. 아이들은 엄마와의 관계에서 자유로워지고 자기 힘으로 마음을 키울 수 있습니다. 아이들은 아직 어리지만 다양한 인간관계를 경험하면서 사회 생활을 준비하고 있습니다. 엄마와의 감정줄 관계에서 벗어난 아이들은 인간관계에서 존중감을 활용할 수 있습니다. 또 자존감을 키우고 차근차근 내적 성장 과정을 밟아갈 수 있습니다. 존중감, 감성 능력, 창의성은 학교에서도 학원에서도 가르쳐줄 수 없습니다. 주변의 관계 속에서 직접 경험하고 스스로 키워갈 수 있는 이런 능력들은 학업이나 전문 지식보다도 더 큰 경쟁력이 됩니다.

자존감과 존중감을
스스로 회복하는 것

감정줄이 정리되고 나서도 남는 문제들이 있습니다. 여전히 인간관계에는 크고 작은 갈등이 남습니다. 무엇보다 인간이란 존재

자체가 수많은 결함을 가지고 있기 때문입니다. 관계는 바뀌었지만 사람은 기본적으로 쉽게 바뀌지 않습니다.

지연 씨는 여전히 자신감이 부족하고 소극적인 성격입니다. 영희 씨는 여전히 다정다감한 성격이 아닙니다. 지연 씨의 엄마나 영희 씨의 엄마는 오랜 세월 살아오면서 굳어진 자기 성향이 있습니다. 인간관계에서는 오해도 있기 마련이고 이해관계가 충돌하기도 합니다. 그렇지만 지금 겪는 갈등은 감정줄 갈등과 크게 다릅니다.

감정줄 갈등은 정신을 차릴 수 없는 감정의 폭주로 이어집니다. 또 깊은 원망과 자책이 남아서 한동안 마음이 힘들어집니다. 존중감을 회복한 관계에서는 똑같은 오해와 충돌이 있어도 그냥 잠시 속상할 뿐 감정이 폭발하지 않습니다. 그냥 '엄마가 오늘따라 왜 저러시지?' 하고 웃어넘길 수도 있고, 자신이 엄마에게 느끼는 불편한 부분, 아쉬운 부분을 편하게 이야기할 수 있습니다.

여전히 불완전한 인간들이 맺는 불완전한 관계지만 존중감이 자리 잡은 관계는 전혀 다릅니다. 감정줄 관계에서는 사소한 갈등마다 상처를 조금씩 더 키워갔다면, 이제는 사소한 갈등을 해결하면서 신뢰를 쌓아갈 수 있습니다. 인격 대 인격의 관계가 형성되어갑니다.

엄마가 이미 세상을 떠난 후에도 감정줄 관계는 딸에게 남아 영향을 끼칩니다. 엄마는 세상에 없지만 딸의 마음속에 끊임없이 나타나 어린 시절의 주문을 되풀이합니다. 감정줄 문제를 함께 해결할 대상이 없고, 새로운 관계를 함께 누릴 수 없다는 아쉬움이 남습니다.

그럼에도 내 마음속에 남아 있는 감정을 바라보고 정리해야 합니다. 이 경우에도 감정줄 정리의 본질은 존중감을 회복하는 것입니다. 돌아가신 엄마와의 관계를 있는 그대로 바라보고 먼저 스스로 단단한 자존감을 회복해야 합니다. 또 엄마를 존중하고 엄마로부터 존중받는 일련의 과정을 자신의 내면에서 이뤄내야 합니다. 그렇게 감정줄을 정리한 후 돌아가신 엄마와 나눌 수 있는 새로운 관계는 당신을 깜짝 놀라게 할지도 모릅니다.

가깝고 따뜻하고
존중하는 관계

우리는 어떤 위대한 인물의 삶을 통해 그가 삶에서 다듬어온 정신을 볼 수가 있습니다. 정신이란 꼭 위대한 인물의 대단한 삶에만 있는 것이 아니라 한평생 자기의 삶을 가꿔온 모든 사람 안에 다 있습니다.

감정줄이 사라지면서 딸은 엄마의 정신을 발견하게 됩니다. 감정줄 관계에서는 감정싸움의 혼란 속에서 마음의 알맹이인 정신이 가려져 잘 보이지 않습니다. 존중감을 회복한 관계에서 엄마의 삶을 있는 그대로 볼 때 엄마의 정신과 엄마의 삶의 의미도 발견할 수 있습니다. 인류 역사에 남을 대단한 그 무엇이 아니더라도, 엄마가 삶을 통해 가꿔온 정신을 발견하고 나면 진심으로 그 앞에 고개 숙일 수 있습니다.

감정줄이 걷히고 정신을 포함한 온 마음과 마음이 이어진 상태를 '마음의 연결(Heart connection)'이라고 부르고 싶습니다. 마음의 연결은 끝없이 가깝고 따뜻하면서도 깊은 존중으로 함께할 수 있는 관계이며, 그런 관계에서는 이전과 전혀 다른 새로운 차원의 창조가 일어납니다. 엄마와 딸의 관계는 감정줄 관계에 빠지기 쉽기도 하지만, 서로 마음의 연결을 이룰 수 있는 가장 좋은 조건이기도 합니다.

감성 독립 선언

- 김반아

일선 님은 저의 엄마이자 도반입니다. 평범한 가정주부의 삶만으로는 만족할 수 없는 운명을 타고난 엄마와 저는 반평생을 이국땅에서 멀리, 그리고 가까이에서 살아왔습니다. 제 나이 40대부터 시작해서 20년 동안 저와 엄마는 모녀 관계를 초월한 도반 관계를 이루게 되었고, 그 결실을 더 많은 사람들과 나누기 위해 이 책을 쓰게 되었습니다.

엄마 일선 님은 저에게 숨결같이 가까우면서도 뭉게구름처럼 멀리 계시는 분이었습니다. 눈을 뜨면 분명히 제 앞에 보이면서도, 막상 만지고 느끼려면 절대 잡히지 않는 엄마. 저와 엄마 사이에는 얇고 투명한 막이 가로놓여 있는 것 같았습니다. 마치 햇볕이 들지 않는 북향집에 사는 느낌이었습니다.

저는 어린 시절부터 '서로 사랑하고 정이 넘치는 엄마와 딸 사이를 분리시키는 감성의 장벽은 도대체 어디에서 생긴 것일까' 하는 의문을 가졌습니다. 그 의문이 지금까지 항상

164

생각해온 제 삶의 화두였습니다.

인격적 독립을 이루지 못했던 때

제가 감성 치유 분야를 깊이 탐구하면서 깨닫게 된 것은 엄마와 자녀 사이의 일체감 결핍의 문제였습니다. 이 문제는 저희 엄마의 윗대(제게는 외할머니)로 거슬러 올라갔습니다. 자녀는 엄마와의 일체감 속에서 소속감과 안정감을 느끼게 되고, 그것이 바탕이 되어 독립적인 인격체로 자라납니다. 독립적인 성인이 되면 자신이 느낀 일체감을 자녀에게 전할 수 있습니다.

그러나 일선 님도 자신의 엄마와의 관계에서 받은 마음의 상처로 인해 자녀들에게 온전한 사랑을 주지 못했습니다. 저의 외할머니는 그 당시 여성들이 그랬듯이 한 많은 인생을 살다가 돌아가신 분이십니다. 상처 입은 감성은 딸에게, 딸의 딸에게 대물림되었습니다.

저는 엄마의 사랑을 목말라하며 일체감을 그리워하는 어른이 되었습니다. 그런데 마흔이 넘을 때까지 저에게 그런 욕구가 존재하는지조차 제대로 알지 못했습니다. 그와 동시에

제가 필요로 하는 것을 저에게 주지 못하는 엄마를 마음속으로 원망했습니다. 엄마와 감정줄이 연결된 상태로 인격적 독립을 이루지 못했던 것이었습니다. 그래서 저는 온전히 제 삶의 주인이 되지 못했습니다.

제가 일선 님의 가부장적인 사고방식에 정면으로 반기를 들고 나선 것은 제 결혼생활이 파경에 이르면서입니다. 그 당시 우리 식구가 살고 있던 텍사스 러벅에 오랜만에 오신 일선 님은 우리 부부 관계의 심각성을 감지하시고는, "네가 이혼을 하겠다면 나는 반대는 안 하겠다"라는 말씀을 먼저 꺼내시며 제 심정을 깊이 헤아려주셨습니다. 아마도 과거에 남편(저의 아버지)과의 불화로 마음의 고통이 심했던 자신의 경험을 떠올리셨기 때문일 겁니다.

그런데 얼마 지나지 않아 일선 님은 태도를 바꾸셨습니다.

"참고 사는 것이 현명하다. 이혼할 생각은 말아라!"

이 말은 일선 님 자신이 걸어온 고난의 길을 저도 똑같이 걸어야 한다는 뜻이었고, 인습의 올가미가 얼마나 단단한가를 느끼게 하는 말이었습니다. 이민을 두 번이나 결행한 우리 가정 안에도 여자들의 날개를 꺾고 한이 맺히게 되는 가부장적인 관념이 끈질기게 버티고 남아 있었던 것입니다.

일선 님의 삭막한 결혼생활을 바로 곁에서 지켜보며 '그런 전철을 밟지 않겠다'고 스스로에게 다짐했던 저였습니다. 저는 제 딸아이의 고등학교 졸업을 기다려서 이혼하기로 마음을 먹었습니다. 제 자신과 아이들, 배우자 모두를 위하는 길이라고 확신했기 때문이었습니다.

엄마와 함께 감정줄 자르기

결혼한 지 15년 만에 저는 별거에 들어갔고 3년 후에 정식으로 이혼했습니다. 이혼은 제가 한국의 전통적인 결혼관, 부부관, 남녀관에서 벗어나는 것을 의미했습니다. 그 이듬해부터 저는 제 자신을 위한 감성 치유의 길에 들어섰습니다.

이러한 과정 속에서 저는 엄마에게 '감성 독립 선언'을 했습니다. 그때 제 나이는 마흔여섯 살, 엄마는 일흔 살이셨습니다. 우리는 서로간의 장벽을 허무는 감성 치유를 이루기 위한 동반자의 길에 들어섰고, 엄마는 그때 '엄마'에서 '일선 님'이 되었습니다.

뿌리 깊은 관념을 바꾸는 작업은, 일상적인 방식의 대화를 통해서는 불가능한 일입니다. 자칫 잘못하면 감정의 대립을 불러일으켜 서로를 다치게 하고 상황을 더 악화시키는 결과를 낳을 수도 있기 때문입니다.

버튼 하나를 눌러서 관계의 대전환을 촉발시키는 강력한 계기가 있어야만 했습니다. 그래서 고심 끝에 시도한 것이 '감성 독립 선언'이었습니다. 그동안 저는 엄마와 연결된 감정줄에 대롱대롱 매달려 살아온 것을 깨닫고 자녀인 제 쪽에서 그것을 자르기로 한 것입니다. 저는 예속에서 독립으로, 무의식적 삶에서 의식적인 삶으로 딸과 엄마가 함께 진입하자고 촉구하는 '감성 독립 선언장'을 작성해 엄마에게 우편으로 보냈습니다.

감성 독립 선언장

우리는 천지 기운을 타고난 존재들입니다. 우주가 우리 속에 있고, 우리는 우주를 드러내는 사명을 가지고 있습니다.

지금까지 우리는 '엄마와 딸'이라는 틀 속에서 미성숙한 관계를 유지해왔습니다. 저는 이제부터 우리가 도반의 관계로 들어가

지금까지 우리를 매어둔 감정줄을 끊고 독립된 존재로 서는 작업을 시작할 것을 희망합니다.

그러기 위해 두 가지 방안을 제시합니다.

1. 엄마라고 부르는 대신에 도반으로 당신을 부를 수 있도록 새로운 이름을 지어주시기 바랍니다.

2. 이제부터는 우리 사이에 반말을 중단하고 존댓말을 사용하고자 합니다. 당신도 저에게 존댓말을 써주시기를 부탁드립니다.

                                          — 1991년 12월 30일

당시 엄마는 캐나다 토론토에, 저는 미국 뉴멕시코 주에 살고 있었습니다. 이 글을 보내고 한동안 우리 사이에는 연락이 없었습니다. 수개월이 지난 후에 엄마가 '일선(一仙)'이라는 호를 지으셨다고 연락을 주셨습니다.

이후 일선 님은 저를 향해서는 존댓말을 쓰고 다른 형제들에게는 전과 같이 반말을 쓰느라고 한동안 혼란스러워하셨습니다. 저도 '엄마' 대신 '일선 님'이라고 선뜻 입에서 나오기까지 오랜 기간이 걸렸습니다.

호칭을 바꾸고 상호 존댓말을 쓰기 시작하면서 확실하게 달라진 것은 저 혼자 고민하던 '저의 문제'가 겉으로 드러나면서 '우리의 과제'로 바뀐 것입니다. 이에 따라 저와 일선 님이 아랫사람과 윗사람이었던 상하관계에서 같은 위치로 서는 변화의 과정이 구체적으로 시작되었고, 생활 속에서 우리의 관계성이 바뀌게 되었습니다.

감성 독립 선언을 한 지 2년 뒤, 일선 님에게 보낸 편지에는 좀 더 깊은 내막이 적혀 있습니다.

일선 님께.

새해는 제가 태어나서 네 번째(48년째) 맞는 개의 해입니다. 이렇게 뜻깊은 해를 맞이하면서 저는 지난 12년 동안 진행해온 제 의식의 혁명이 완결되었음을 세상에 알립니다. 이제 저는 전과는 다른 사람입니다.

저는 옛 사고방식으로 끈적끈적하게 얽혀 있는 갈등의 구덩이에서 벗어나서 독자적이고 창조적인 '영(靈)'의 인간으로 새로운 삶을 살고 있습니다. 저에게 있어서 그 구덩이는 '부권주의(父權主義)를 바탕으로 한 숙명적인 한국 여자'라는 고난의 틀이었고, 그 속에서 당신과 저는 모녀라는 고리로 서로에게 묶여 있었습니다.

이제 저는 모든 인간의 굴레에서 벗어났습니다. 그리고 어릴 때부터 시작하여 지금까지 한국 여자로, 한국 남자의 아내로 살아오는 동안 축적되어온 마음속 깊은 상처들과 심적인 병들에서 빠르게 회복하고 있습니다. 또 지금까지 저와 가까웠던 사람들 사이에서 오랜 세월 동안 유지해왔던 공생적이고 의존적인 관계들과도 작별했습니다.

그런데 결말을 지어야 하는 한 가지 일이 있습니다. 그 일을 지금 하고자 합니다. 지금 제 손에는 수술 칼이 들려 있습니다. 바로 이 순간, 저는 정신을 집중하여 당신과 저의 관계를 조이는 모녀의 감정 고리에 수술 칼을 대고 조심스럽게 자르기 시작합니다.

방금 당신과 저를 모녀로 묶고 있던 탯줄이 잘렸습니다. 그 탯줄 속에 해묵은 아픔이 우리 사이를 흐려왔고, 그로 인하여 새로운 아픔이 계속되어왔습니다. 이제 그 업의 과정이 끝났습니다. 예전의 우리 관계는 막을 내렸습니다.

당신은 저로부터 엄마의 의무감에서 해방되었고, 저는 당신으로부터 딸의 의무감에서 해방됐습니다. 드디어 우리는 모녀라는 '업(業)'의 굴레에서 해방됐습니다!

반아 드림

제가 일선 님과 풀어낸 것들은 아래의 세 가지로 요약할 수 있습니다.

첫째, 존중받지 못했던 저의 느낌들을 존중받는 것.

둘째, 존중받지 못했던 제 생각과 제 방식을 존중받는 것.

셋째, 존중받지 못했던 제 존재의 동격성을 인정받는 것.

이 말은 이 세 가지 모두가 저의 성장 과정에서 결핍되었다는 뜻입니다. 마흔 살이 다 될 때까지도 엄마로부터 진정한 '저'를 이해받지 못했고, 제 방식으로 하는 것을 장려받지 못했고, 같은 자격으로 인정받지 못하고 아랫사람으로만 여겨졌던 것입니다.

철학, 영성학, 감성학 등을 공부하며 인간의 근본적인 문제를 오랫동안 탐구해온 저는 이 이슈가 제 개인적 삶의 문제, 우리 가정의 문제, 인류 사회 전반의 문제까지 해결할 수 있는 핵심을 담고 있다는 것을 마침내 깨닫게 되었고, 이것은 제 인생의 사건이 되었습니다.

저의 경우, 엄마와의 관계에서 사용하는 언어를 바꾸는 일은 고착된 관계를 새로 맺는 데 큰 도움이 되었습니다. 외국에서 오래 산 덕분에 밖에서 영어를 사용할 때와 집에 와서 한국어를 사용할 때 달라지는 저의 심정과 입장과 위치에 민감해질 수밖에 없었기 때문입니다.

영어에 없는 존댓말과 반말이 한국어에는 있고, 존댓말과 반말 사이에 또 몇 개의 층이 있어(엄마가 아이에게 "너 밥 먹었니?"라고 할 때 아이는 엄마에게 "엄마 밥 먹었어?"라고 하고, "엄마, 너 밥 먹었니?"라고는 못합니다) 이 두 계층의 말이 엄마가 아이에게 부당하게 권위를 행사한다는 사실을 발견했습니다.

"너는 영리한 애가 왜 그러니?"

"왜 그렇게 말을 안 듣니?"

"어른에게 그게 무슨 버릇이야?"

위계질서를 바탕에 깔고 있는 한국어를 사용하는 한국 어른들은 항상 '갑'의 위치에서 자녀에게 말을 하게 되고, 그럴 때 '을'의 위치에 있는 아이들은 존중감을 잃어버리는 느낌을 지울 수 없습니다. 그렇지만 한국 문화의 당위성 때문에 이의를 제기할 수 없게 됩니다. 외국에 살면서 이런 것에 민감해진 저는 '을'의 입장에 서서 느끼는 불편한 심정을 무작정 받아들이는 자세에서 벗어나기로 선언한 것입니다.

언어라는 매개체를 통하여 인간관계를 상하로 한정 짓는 유교식 위계질서는 모든 인간관계와 삶 자체를 비좁고 자유롭지 못하게 만듭니다. 또 그런 틀에 갇힌 인간관계 안에서는 무한한 자유로움 위에서 이루어낼 수 있는 창조를 함께 생각할 수 없어 창의성이 발휘되기 어렵습니다. 이런 사실을 깨닫게 되면서 저는 한국식 언어문화에서 벗어나기로 결심했습니다.

효율적인 소통은 인간관계의 기본

엄마와 딸이 도반이 된 이 과정에서 터득한 것은 효율적인 소통이 얼마나 중요한가였습니다. 효율적인 소통의 기본에는 상대를 존중하기 때문에 기본적인 예의를 지키고, 약속을 지키고, 시간을 지키고자 하는 것이 있습니다. 한집에 사는 가족들과도 아침에 일어나면 서로 인사를 하고, 외출에서 돌아오면 또 인사를 합니다. 인사와 더불어 저와 일선 님은 아침에 일어나서, 집으로 돌아왔을 때, 취침 전에 포옹을 나눴습니다.*

상대가 하는 말을 깊이 듣고, 공감한 후에 자기 말을 하는 경청의 자세로 하는 대화법도 효율적인 소통을 위해 필요합니다. 또 상대가 싫어하는 것을 하지 않고 좋아하는 것을 해주는 것도 소통입니다.

제가 일선 님을 기쁘게 해드린 것 중 하나는 일선 님이 원하시는 스타일의 개량 한복을 사드린 것입니다. 일선 님은 저의 환갑을 축하하기 위하여 여든네 살의 고령의 나이였음에도 불구하고 함께 한라산을 등반하셔서 저에게 큰 기쁨을 안겨주셨습니다.

---

* 모든 인간관계에서 첫 단추는 마음에서 우러나오는 인사를 하는 것입니다. 따뜻한 인사는 좋은 관계로 들어가는 관문이라고 할 수 있습니다. 인사를 나누고 나면 '고마워', '미안해', '사랑해' 등의 말들이 자연스럽게 따라올 수 있습니다.

서로를 큰사람으로
키우는 길

감정줄 관계 정리는 한국 사회에 긍정적인 변화의 물결을 일으킬 것입니다. 한국 사회의 많은 문제들을 이야기할 때 대부분의 사람들은 사회 시스템을 문제 삼지만, 결국 시스템을 운영하는 것은 사람이고 대부분은 감정줄에 매달려 있기 때문입니다. 국민의 대표 자격으로 국회의사당에서 회의를 하던 국회의원들이 의견 충돌이 생기자 신발을 벗어서 자기와 의견이 다른 국회의원을 때리거나, 한 패가 우르르 앞으로 달려가서 몸싸움을 하는 모습이 텔레비전에 비칠 때, 우리는 한국 남성들이 자신의 감정을 통제하지 못하고 초등학생같이 행동하는 것을 생생하게 목격했습니다.

정부의 최고 직위에 있는 사람이 주위 사람들과 횡적인 소통을 하지 않아 국가적인 문제를 일으킨다는 것은 서양 사회에서는 있을 수 없는 일입니다. 이것은 분명히 감정줄이 전신을 미라같이 챙챙 옭아매고 있어 정상적인 삶을 살지 못하고 있는 사람의 모습이고, 한국 사회에 만연한 뿌리 깊은 문제를 단적으로 보여주는 예입니다.

감정줄의 할머니는 감정줄의 엄마를 만들고, 꼬인 감정줄을 타고 작동하는 엄마들의 사고방식은 한국에서뿐 아니라 외국까지 치맛바람으로 몰고 갑니다(미국 학교에 조기 유학을 가서도 선생님들에게 고가의 선물을 하면서 자기 아이를 각별히 잘 봐달라고 부탁하기도 합니다). 타이거 맘, 헬리콥터 맘의 힘으로 앞서간 아이들이 성장해서 각계각층에 진출하였을 때, 성장 과정에서 가정에서 제대로 훈련받지 못한 사회성 결핍은 사회 곳곳에서 감정적인 문제를 일으킵니다.

사회성은 사회적 성숙, 타인과 원만하게 상호작용하는 능력, 다양한 사람과 긍정적인 관계를 형성하는 능력 등을 말합니다. 사회성이 부족한 것을 '인격장애(personality disorder)'라고 부릅니다. 인격이란 '사람이 사람답기 위해 필요한 정신적 자격'입니다. 한국 사회에 인격장애를 가진 사람들이 얼마나 많을까를 생각해볼 필요가 있습니다. 인격장애는 의존성, 타인을 괴롭히는 경향, 자기중심적, 자기애성, 반사회성, 회피성, 지나친 화, 불안, 대인 관계 부적응 등으로 가까운 사람들에게 불편함과 고통을 줍니다. 한국 인구의 상당수가 이에 해당하는 것으로 저는 추측합니다.

모든 인격장애는 아이의 성장 과정에서 원인을 찾아볼 수 있고, 대부분은 부모와의 관계, 특히 육아의 책임을 거의 전적으로 맡고 있는 엄마와의 건강한 관계가 부족한 데에 기인합니다. 아이가 엄마와 진솔한 소통을 하지 못했을 때 일어나는 현상입니다. 진솔함과 진실은 우리를 자유롭게 하고 거짓은 우리를 구속합니다. 부모가 마음이 꼬여 있으면 진솔할 수 없고, 엄마가 진실하지 못하면 아이의 의식은 혼란스럽고 옳고 그름을 판단하는 능력이 말살됩니다.

부모(특히 엄마)가 사소한 일이든 큰일이든 아이에게 거짓말을 하게 되면 아이는 진실과 거짓을 가리는 판단 능력을 키우지 못합니다. 그리고 다른 사람과 신뢰 관계를 만들어가는 법을 배울 수도 없게 됩니다. 엄마는 아이와 '감성'으로 연결되어 있기 때문에 엄마가 크건 작건 선의의 거짓말이라도 하게 되면 아이도 따라 하게 됩니다. 서로 거짓말을 할 때 엄마와 아이 사이에는 신뢰 관계가 형성될 수 없습니다. 신뢰 관계는 솔직하고 진실한 감성을 바탕으로 한 순수의식 위에 세울 수 있는 것입니다.

이미 한국 사회에는 거짓말이 도를 넘어선 지 오래입니다. 아주 작은 거짓말부터 시작해서 크고 작은, 말도 안 되는 거짓말들을 남녀노소, 신분과 지위를 막론하고 토해내고 있습니다. 개인들은 자신의 출신을 속이고, 학벌을 속이고, 실력을 속이고, 상인들, 법조인들, 관청 사람들, 국회의원들, 정부까지 모두 거짓말을 일상적으로 합니다.

언젠가 미주 〈한국일보〉(2015년 8월 18일자)에 실린 한 오피니언 기사가 눈에 띄었습니다.

> "한국인을 믿지 마세요" — 하기는 이민 사회 어디를 가도 듣는 소리다. LA, 뉴욕 등 미주 한인 사회는 물론이고 영국, 프랑스 등 유럽, 중국, 심지어 저 멀리 중앙아시아 지역의 한인 사회에서도 하나같이 들려오는 소리는 "한국인을 믿지 마세요."다. *

한국 사회와 국가를 만신창이로 만들고 있는 한국인의 거짓말 풍조에서 벗어날 수 있는 희망은 순수한 가슴입니다. 한국 사회가 깊이 빠져 있던 거짓말 왕국에서 탈출하는 일은 촛불 혁명으로 시작되었습니다. 이 예기치 않았던 기적적인 사건은 우리의 가슴 깊이깊이 감동을 끌어냈습니다. 이 감동의 기운을 길이 살리고 우리의 가정으로 들여와야 합니다. 사회와 가정이 연대하여 역기능 모

---

* '거짓말 중독사회', www. koreatimes.com/article/936074

녀 관계의 원형을 깨고 자아 초월의 단계로 올라갈 것을 진심으로 제안합니다.

엄마가 아이에게, 그리고 딸이 엄마에게 솔직해지는 것은 실제로 가능할 뿐 아니라 서로를 큰사람으로 키울 수 있는 확실한 길입니다. 그 길은 바로 눈앞에 놓여 있습니다. 그 길을 함께 걷는 순간 새로운 세계, 진실된 세계가 넓게 펼쳐집니다. 확실하고 바른 방향으로 함께 가자는 것이 이 책을 통해 전달하고자 한 메시지입니다.

김반아

)
)
)

모두에게 꼭 필요한
치유의 시간

　행운은 준비된 사람에게만 찾아온다고 합니다. 그런 점에서 김
반아 박사님을 만난 것은 제게 커다란 행운이었고 아주 특별한 경
험이었습니다.

　당시 저는 '남성 문제'에 대해 큰 고민에 빠져 있었습니다. 저는
오랜 시간 동안 제 스스로의 미성숙함을 느끼며 살았고, 그로 인해
제 자신과 주변 사람들을 괴롭히고 있다는 것을 알고 있었습니다.
그러다가 이혼이라는 커다란 사건을 계기로 그 문제를 해결해야겠
다는 결심을 한 상태였습니다. 물론 살다가 누군가와 만나고 헤어

지는 것은 충분히 생길 수 있는 일입니다. 그렇지만 이혼에 다다르고 그 과정을 마무리하면서 저는 제 자신에게 커다란 문제가 있다는 것을 명확하게 볼 수 있었습니다.

이런 제 자신의 미성숙함을 '남성 문제'라고 바라보기 시작한 것은 작지만 의미 있는 변화였습니다. 제가 원하는 것이 무엇인지 스스로 알아차리지 못하고 제 안에 분노를 쌓는 일, 일단 틀린 말이 아니라고 생각하면 상대방의 감정에 어떠한 상처를 주든 개의치 않고 내뱉는 일, 어느 순간 감정의 소용돌이 속에서 정신을 차리지 못하고 상처 주는 일, 아무도 이해하지 못하는 제 안의 깊은 열등감, 제가 저지른 실수에 용기를 내서 책임지고 사과하지 못한 기억들……

이런 일들은 굳이 남성과 여성을 나눌 수 있는 일이 아닐지도 모릅니다. 그렇지만 이런 미성숙한 문제는 제 내면에서 '나는 왜 남자답지 못할까?'라는 아픈 의문으로 남아 있었습니다. 또 많은 남자들, 심지어 한국 사회와 전혀 다른 문화권의 남성들 역시 같은 문제로 고통받고 있다는 사실을 알게 되면서 저는 오히려 작은 희망을 발견할 수 있었습니다.

'나의 결함만이 아니라 어느 시대의 남성들이나 다 공통적으로 가지고 있는 문제다. 스스로를 원망하고 탓할 문제가 아니라 잘못된 무언가를 함께 바로잡아야 하는 문제다.'

이렇게 저는 제 인생의 중요한 문제를 발견하고 그 문제를 해결하겠다는 목표를 가지게 되었습니다.

문제를 발견한다는 것은 좋은 시작입니다. 그렇지만 도대체 어떻게 그 문제를 해결할 수 있을지는 여전히 보이지 않았습니다. '그저 좀 더 정신을 차리자', '좀 더 노력하자'는 마음만으로는 좀처럼 문제가 해결되지 않았습니다. 그래도 제가 가진 '남성 문제'를 제대로 풀어내고야 말겠다는 희망을 놓지 않고 애쓰던 그 무렵, 오래 전에 읽은 심리학자의 책에서 한 문장을 발견했습니다. 저자인 스티브 비덜프는 '남성 문제'를 해결하기 위한 몇 가지 단계를 제시했는데, 그중 첫 번째 단계는 다음과 같습니다.

아버지와 화해하기

당신의 아버지는 당신의 남성됨과 긴밀히 맞닿은 정서적 연결선이다. 당신은 자신과 아버지와의 관계를 명쾌하고 확고부동하게 정립하는 방향을 나아가야 한다. 아버지를 이해하고 용서하며 어느 면에서 그를 존경할 때에야 비로소 당신은 자신의 삶을 성공적으로 영위할 수 있을 것이다. 아버지가 살아 계시다면 그분과의 직접적인 대화를 통해, 돌아가셨다면 마음속의 대화를 통해 그렇게 할 수 있으리라. 만일 그렇게 하지 않는다면 그분의 시신은 당신이 무슨

일을 하든 간에 두고두고 당신의 발을 걸고넘어질 것이다.[*]

　다분히 은유적인 이 설명을 듣고 저는 머리를 한 대 얻어맞은 듯한 충격을 받았습니다. 어렴풋하게, 저는 제가 가진 문제가 제 아버지와의 관계에서 쌓인 상처와 관련이 있다고 느끼고 있었습니다. 저의 열등감 중 많은 부분은 아버지와 좋은 관계를 갖지 못한 상황과 관련 있어 보였고, 제가 가진 많은 '남성 문제'의 증상들은 아버지와의 갈등 상황에서 폭발되어 나왔습니다. 그리고 무언가 제 안에 있는 것을 제대로 표현하지 못하고 오해가 생겨 답답한 순간이면 아주 어린 시절의 기억이 떠오르기도 했습니다.

　아버지가 사다 준 장난감을 가지고 놀다가 그날 밤에 고장을 내고 꾸중을 듣던 기억입니다. 마음속으로는 '아빠, 제가 일부러 그런게 아니에요. 그냥 이렇게 만지면 어떻게 되는지 궁금했을 뿐이에요!'라고 소리치고 있지만 아버지의 큰소리에 놀라 입도 떼지 못하고 울먹이던 그때의 감정이 그대로 떠올랐습니다.

　그게 왜 저의 '남성 문제'에 커다란 영향을 주는지 정확하게 이해할 수는 없었지만 저는 분명히 그렇다는 확신을 가졌습니다. 조심스럽게, 저는 아주 오래전부터 저를 아프게 했고, 완전히 놓지도 못

---

[*] 33쪽, 《남성 심리학자가 남자에게 말하는 남자의 生》, 스티브 비덜프 지음, 김훈 옮김, 북하우스, 2000.

했지만 마음속에서는 상당 부분 포기했던 아버지와 화해하기를 중요한 목표로 설정하게 됐습니다. 또다시 저는 '목표는 뚜렷하고 확고하지만 어떻게 그것을 달성해야 할지 도저히 감이 잡히지 않는 상황'에 처하게 되었습니다. 원대한 목표를 이룰 수 있다는 희망으로 힘을 내면서도 버거운 도전과 실패를 거듭하면서 지쳐갈 때쯤, 저는 김반아 박사님을 만났습니다.

김반아 박사님은 당시 오랜 이민생활 끝에 제주도에 오셨고 새로운 여성주의 운동을 확산하기 위한 단체 설립을 준비하고 계셨습니다. 낯선 고국에서 단체 설립을 위한 실무를 도와줄 사람을 찾던 중 저와 연결이 되었습니다. 그 만남은 목표에 도달할 수 있는 길을 찾다 지쳐가기 시작할 때쯤 먼저 길을 걸어본 안내자를 만난 것과도 같은 행운이었습니다.

김반아 박사님은 생명모성 운동, 그리고 그와 깊이 관련된 감정줄 문제에 대해 설명을 해주었습니다. 특히 감정줄 문제는 김반아 박사님 자신과 돌아가신 모친 이남순 선생님의 모녀 관계에서 얻은 경험을 바탕으로 한 것이었는데, 그것은 바로 제가 답을 찾고 있던 '아버지와 아들 문제'의 여성판이라 할 수 있는 것이었습니다. 엄마와 딸의 관계가 아버지와 아들의 관계와 완전히 똑같지는 않았지만 김반아 박사님의 감정줄에 대한 실질적이고 명쾌한 설명은 저의 고민에 하나둘씩 해답을 던져주었습니다.

김반아 박사님이 저에게 감정줄 문제에 대한 책을 쓰자는 제안을 하셨을 때 저는 기쁘게 힘을 보탤 수 있었습니다. 무엇보다 심각한 한국 사회의 감정줄 문제를 해결하는 데 힘을 보태고 싶었고, 저의 성장에 큰 도움이 된 김반아 박사님을 돕고 싶었습니다. 그에 더해 감정줄 문제를 더 깊이 이해하며 책을 만들어가는 과정이 언젠가 제가 쓰게 될 아버지와 아들의 관계에 대한 책을 준비하는 데 값진 도움이 될 것이라는 생각도 있었습니다.

원고를 진행하면서 미처 알아차리지 못했던 놀라운 사실을 하나 발견하게 되었습니다. 아버지와 교감하지 못하고 편하게 대화를 나누는 것조차 힘들어하는 많은 우리 시대의 아들들을 만나봤지만, 그에 못지않게 많은 여성들이 엄마와의 관계에서 고통받고 있다는 사실이었습니다. 스스럼없이 이야기를 나누고 긴 시간 전화 통화를 하는 모습 때문에 알아차리지 못했을 뿐, 저의 가족을 포함한 많은 엄마와 딸들이 그 관계에서 고통받고 있다는 것을 비로소 알게 되었습니다. 그리고 이와 같이 가족 안에서 윗세대와의 불화가 광범위하게 퍼져 있다는 것은 제가 정말 궁금해했던 한국 사회의 몇 가지 특징들―열등감, 타인에 대한 무례함, 소통의 부족 등―의 원인을 아주 잘 설명해주었습니다.

책을 쓰는 과정은 예상보다 훨씬 더 오랜 시간이 걸렸습니다. 김반아 박사님의 머릿속에는 명확한 개념과 이론이 정립되어 있었지만 현실의 독자들이 가장 쉽게 이해할 수 있는 표현과 설명을 찾아가는 과정은 결코 쉽지 않았습니다. 김반아 박사님은 여성평화운동으로 바쁜 시기였고 저 역시 어르신들의 자서전을 제작하는 회사를 준비하느라 바빴습니다. 서로 바쁜 와중에 시간을 내어 만나거나 이메일, 화상 전화 등으로 책에 대한 의견을 나눌 때면 다른 모든 일들을 잊고 서로의 깊은 성찰을 꺼내 의견을 나누었고, 어쩌다 오해가 생기거나 생각이 달라 보일 때도 뜻을 모을 수 있었습니다. 그리고 그때마다 아버지와의 관계에서 벌어진 일들, 제가 한 노력들, 제가 받은 상처들을 꺼내고 김반아 박사님으로부터 때로는 깊은 통찰을, 때로는 따뜻한 위로를 받을 수 있었습니다.

저에게 이 책의 원고를 완성하는 과정은 단지 의견을 조율하고 글을 쓰는 일이 아니라 저보다 먼저 아픔을 겪고 스스로의 힘으로 치유해낸 치유사에게 조언을 얻고 도움을 받는 치유의 시간이었습니다.

가장 필요한 시기에 가장 소중한 제안을 해주고, 함께 책을 만들면서 저를 이끌어주신 김반아 박사님께 이 자리를 빌어 깊은 감사의 마음을 전합니다. 더불어 그 과정을 묵묵히 기다려주고 책을 구성하는 데 꼭 필요한 조언을 해준 위즈덤하우스의 김은주 이사님과 이지은 편집자님께도 고마움을 전하고 싶습니다.

이 책을 완성하기까지 네 번 정도 원고를 다시 썼습니다. 그리고 마지막 원고는 타이페이 시에서 일주일을 보내며 완성했습니다. 그 일주일 동안 격려와 배려를 아끼지 않은 벗 정의상(鄭宜湘)에게 특별한 감사를 표합니다.

사랑하는 나의 가족과 믿음직한 친구들은 언제나 저에게 많은 것을 베풀어주었습니다. 그들의 사랑과 신뢰가 없었다면 여전히 저 자신을 싫어하며 살고 있었을지도 모릅니다. 언제나 사랑하고 존경합니다.

박범준

국립중앙도서관 출판예정도서목록(CIP)

나는 왜 엄마에게 화가 날까 : 상처를 주고받는 엄마와 딸을
위한 치유 프로젝트 / 지은이: 김반아, 박범준. -- 고양 :
위즈덤하우스 미디어그룹 : 예담, 2017
    p. ; cm

ISBN 978-89-5913-533-2 03190 : ₩13000

모녀 관계[母女關係]
부모 자녀 관계[父母子女關係]
심리학[心理學]

189.24-KDC6
158.24-DDC23   CIP2017017519

나는 왜 엄마에게 화가 날까

초판 1쇄 인쇄 2017년 7월 19일 **초판 1쇄 발행** 2017년 7월 26일

지은이 김반아 박범준
펴낸이 연준혁

출판 1본부 이사 김은주
출판 7분사 분사장 최유연
편집 이지은
디자인 함지현

펴낸곳 (주)위즈덤하우스 미디어그룹 **출판등록** 2000년 5월 23일 제13-1071호
주소 경기도 고양시 일산동구 정발산로 43-20 센트럴프라자 6층
전화 031)936-4000 **팩스** 031)903-3893 **홈페이지** www.wisdomhouse.co.kr

값 13,000원
ISBN 978-89-5913-533-2 03190